Julius Harttung

Norwegen und die deutschen Seestädte bis zum Schluss des 13. Jahrhunderts

Julius Harttung

Norwegen und die deutschen Seestädte bis zum Schluss des 13. Jahrhunderts

ISBN/EAN: 9783955642938

Auflage: 1

Erscheinungsjahr: 2013

Erscheinungsort: Bremen, Deutschland

@ EHV-History in Access Verlag GmbH, Fahrenheitstr. 1, 28359 Bremen. Alle Rechte beim Verlag und bei den jeweiligen Lizenzgebern.

Norwegen

und

die deutschen Seestädte

bis zum Schlusse

des

dreizehnten Jahrhunderts.

Von

Julius Harttung,
Privat-Docent an der Universität Tübingen

Berlin.

Vorbemerkungen.

Die Arbeit, welche ich hiermit der Oeffentlichkeit übergebe, ist auf Anregung meines älteren Freundes Dr. K. Koppmann entstanden. Ursprünglich sollte sie nur die Verwickelungen zum Gegenstande nehmen, die in den achtziger Jahren des 13. Jahrhunderts zwischen Norwegen und den deutschen Seestädten ausbrachen, und es war ihr demgemäss auch nur der bescheidene Raum eines Aufsatzes zugedacht; doch im Laufe der Thätigkeit empfand ich zunehmend das Bedürfniss die Grenzen zu erweitern, die Sache in ihrem Ursprunge und ihren Ausklängen möglichst allseitig zu behandeln. Ob es sich verlohnt hat, überlasse ich der Entscheidung des Lesers. So viel nur verstatte ich mir zu bemerken, dass wir hier zum ersten Male die Geschichte des kleinen lose gefügten Bundes der wendischen Seestädte zu der des Nordens anschwellen sehen, dass wir hier im 13. Jahrhundert bereits den Donner der politischen Gewitterwolken, welche fern an den Felsenwänden Norwegens emporstiegen, bis Schottland und England, Holland, Westfalen und Riga, ja, bis an den Hof des deutschen Kaisers vernehmen. Diese Weitschichtigkeit des Stoffes nöthigte mich, auf die innere Geschichte der verschiedenen nördlichen Reiche und einzelner Städte einzugehen, um erst die mannichfachen Fäden klar zu legen und sie alsdann in das grosse Knäuel hineinwirren zu können. Zugleich kam es mir darauf an, die Entwickelung der Rechte des deutschen Kaufmannes in Norwegen zu zeigen; ich konnte dieser Aufgabe nicht gerecht werden, ohne die einzelnen Privilegien in ihrer lockeren Breite zu erörtern, es einem späteren Geschichtsschreiber der Hanse überlassend, sich hieraus den gedrungenen Kern zu erlesen.

Begonnen ist die vorliegende Monographie in einer Zeit, wo der erste Band des hansischen Urkunden Buchs noch nicht erschienen war und hatte ich dadurch Gelegenheit das grosse Verdienst, welches sich Dr. K. Höhlbaum durch die Herausgabe desselben um die hansische Geschichte erworben hat, vollauf zu empfinden. Dass ich dennoch, zumal in der Zeitbestimmung undatirter Urkunden, bisweilen glaubte von ihm abweichen zu müssen, ist ein Ergebniss selbständiger Durcharbeitung des Stoffes, welches sich gar leicht bei zweifelhaften Fragen herauszubilden pflegt. Hier kam noch besonders in Betracht, dass der Ausgangspunkt beiderseits ein völlig verschiedener war: Höhlbaum sammelte als **hansischer** Geschichtsforscher, ich fusste auf **Norwegen**.

Dabei ereignete es sich denn, dass ich auf zwei bisher übersehene Urkunden stiess, von denen es billig erscheinen durfte, dass sie bei dieser Gelegenheit ihrer Vergessenheit entzogen würden, obwohl ich ohne Weiteres einräumen musste, des Alt-Nordischen nicht in der Weise Herr zu sein, um als besonders geeigneter Herausgeber alt-nordischer Texte zu gelten. Sollten sich darin also, oder bei der Uebertragung derselben in die Muttersprache, einige Irrthümer eingeschlichen haben, so bitte ich mit meiner Schwäche Nachsicht zu üben.

Schliesslich erübrigt mir noch, unter denen die mir mit Rath und That zur Hand gingen, des Herrn Conferenzrath C. F. Wegener, des Directors des kgl. Geheimarchivs in Kopenhagen, und des Herrn Prof. W. Mantels in Lübeck dankend zu gedenken. Ersterer sandte mir auf das Bereitwilligste die Abschrift der im Anhange gegebenen Urkunden und begleitete sie mit erläuternden Notizen, während der letztere mir mit nicht geringerer Bereitwilligkeit wiederholt entgegen kam.

Tübingen, im März 1877.

Jul. Harttung.

Inhalt.

Norwegen, Land und Volk 1, 2. Producte 2, 3. Die Vikingerzüge 3, 4. Beginn friedlicher Beziehungen zwischen Norwegen und England 5. Das Christenthum 5, 6. Hamburg-Bremer Metropolitanverband 6, 7. Architectur 7, 8. Städtegründungen in Norwegen 8, 9. Bergen 9—11. Ausbreitung des Handels 12, 13. Der erste auf Norwegen bezügliche Handelstractat 14. Deutsche in Norwegen 15. Sie treten hervor 15. Verhältniss der Fremden zu den Norwegern 16. In Norwegen nicht die richtigen Elemente für den Handels- und Handwerkerstand 16, 17. Vordringen des deutschen Einflusses 17, 18. Deutsche Sagenstoffe im Norden 18. Die einzelnen Städte und Landschaften treten mit Norwegen in Verbindung: Bremen, Hamburg, Holland 19. Wisby 20. Lübeck 21. Erstes Zerwürfniss zwischen Lübeck und Norwegen 21—25. Ferneres Verhalten von Deutschen und Norwegern unter Hakon Hakonson 25, 26. Rechtliche Stellung der Deutschen in Norwegen 26, 27. Stetes Vordrängen der Deutschen unter Magnus Lagabätter 27, 28. Lübecks Aufschwung und Führerstellung an der Spitze einer Conföderation, auf deutschem Boden 28, 29; im Auslande 30, 31. Bremens Sonderprivilegium von Magnus Lagabätter 31. Innere und äussere Politik der Könige Magnus und Erich Priesterfeind 32. Norwegen und Schottland 32. Norwegen und England 33. Kampf des norwegischen Staats gegen die Kirche 33—35. Zustände in Dänemark 35. Bund zwischen Lübeck und Wisby 35, 36. Erstes Zerwürfniss der Städte mit Norwegen beigelegt 36, 37. Der Erlass vom 16. September 1282 37, 38. Rückwirkung desselben 38, 39. Dänemark und Norwegen 39, Dänemark und die Seestädte 40. Erweiterung des Friedensbündnisses für die Ostsee 40. Die pommersch-brandenburgische Fehde 40. Rostocker Landfriede 41—43, Erweiterung des Bundes 43. Lübeck und Stettin 44. Der Lübecker Rath und verschuldete Fürsten 44, 45. Hamburg und Brandenburg 45, 46. Lübeck und Dänemark 46. Lübecks Bemühen um Wiederherstellung des Friedenszustandes 47. Vierraden 47, 48. Verhandlungen der Städte über die norwegische Schifffahrt 48. Gesandtschaft Erichs an Rudolf von Habsburg 49. Erich lenkt ein 49, 50. Die schottische Thronfolge 51. Reichstag zu Nyborg 52. Wiederausbruch der norwegischen Feindseligkeiten 52. Alf Erlingson 53, 54. Erste Versammlung in Wismar 54—56. Abbruch des Verkehrs mit Norwegen 56. Zweite Versammlung in Wismar 56—58. Grösste Ausdehnung des deutsch-wendischen Landfriedensbündnisses, Beitritt Dänemarks 58—60. Die Deutschen in England 60. Einzelne Glieder des Landfriedensbündnisses wenden sich an König Edward I. 61—63. Erich und Edward 63, 64. Englands Neutralität 64. Beschluss der Städte, Schiffe gegen die Normannen auszusenden 64, 65. Verhandlungen mit Schweden 65, 66. Bremens Stellung 66. Die Aemter dort am Ruder 67. Der Landfriedensbund unausgiebig 69, 70. Die Feindseligkeiten gegen Norwegen 70—72. Irrungen zwischen den Städten und Dänemark 73, 74. Umschlag der norwegischen Politik 74, 75. Vermittelung Schwedens 76, 77. Gullberg 77—79. Kalmarer Vergleich 80—83. Brief Wismars 83. Dänische Verhältnisse 84. Verwickelung zwischen den Städten und Dänemark 84, 85. Vergebliche Zusammenkunft in Tunsberg, Hakon und Lübeck 86. Zweite Zusammenkunft in Tunsberg 87. Verlegenheiten und Verwilderung der Norweger 88, 89. Hakons Erlasse für Wismar und Greifswald 89. Bremen und Norwegen 90. Die norwegischen Seeräuber, neue Zerwürfnisse in Aussicht 91. Vergleich von Tunsberg 92—95. Wichtigkeit und Ursachen 95. Begünstigung der Bremer 96. Gesetzesbestimmungen für Bergen 96, 97. Die Deutschen in Bergen und die Geistlichkeit 98. Privilegium für Hamburg 98, 99. Erich trägt den Städten seine Schuld ab 99, 100. Neue Bedrückungen in Norwegen 100. Lübecks Stellung in Norwegen 100. König Hakons erste Erlasse 101, 102. Die Deutschen verweigern den Zehnten 102, 103. Hakons scharfes Vorgehen gegen die Fremden 103, 104. Hakon lenkt wieder ein 105. Summarischer Ueberblick bis zur Gründung des Kontors in Bergen 105.

Anhang.

I. Zwei von den Herausgebern hansischer Urkundenwerke übersehene Diplome 109—114.
II. Nachträge für das hansische Urkunden-Buch (Band I) 115—120.
II. Umdatirte Urkunden 121, 122.

Bei einer Länge von mehr als 250 geographischen Meilen erstreckt sich die skandinavische Halbinsel in südwestlicher Richtung vom Eismeere bis an die inselreichen dänischen Gewässer. Gegen Osten ist sie durch die Ostsee, den bottnischen Busen und eine Senke grosser Seen von dem östlichen Tieflande geschieden, im Westen durch eine alpine Mauer gegen den Ocean gegürtet. Die Zinnen und Pforten der letzteren bilden seit grauer Sagenzeit das langgedehnte Reich Norwegen; das Land der Gegensätze; den schwarzen Felsblock, wie man es genannt hat. Dunkele Gebirgsmassen thürmen sich hinein in die Regionen des ewigen Schnees; in grauenvoller Einsamkeit glitzern Quadratmeilen umfassende Eisfelder, die hier und dort den Silberstreif eines Wassers entsenden, das nach kurzem wild bewegtem Laufe mit dumpfem Falle in einen Abgrund stürzt. Wandert man über die Bergfläche (Field), steht man oft plötzlich an seinem Rande und erblickt unten in einer schwindelnd senkrechten Tiefe von mehr als 1000 Fuss das weite buchtenreiche Meer, hier und dort aufragende Inselfelsen, die, wie vorgeschobene Posten, den Anprall der Fluthen brechen. Eigentliche Ebenen giebt es in Norwegen nicht, nur in der südlichen Abdachung nach dem Skager Rack zu, drängt sich ebenes Land stellenweis zwischen die Bergrippen hinein und gestattet die Bildung einiger grösserer Flüsse. Das Klima ist oceanisch: feuchte neblichte Dunstkreise, häufiger Regen, gelinde Winter und kalte Sommer. Sieben lange Monate, vom October bis April, ruht die Pflanzenwelt versenkt in tiefen Schlaf; im Mai erwacht sie, rasch schmilzt der Schnee und bald grünt und blüht es überall, wo nur immer eine Scholle dem Wurzelgetriebe Raum bietet. Im südlichen Norwegen gedeihen an geschützten Stellen noch Weinstöcke und Aprikosen, im Drontheimer Kessel reift noch Obst, und am Fusse des steilen Nordcaps lächelt noch der rothe Stern der Waldnelke und das blaue Auge des Vergissmeinnichts. Im westlichen und nördlichen Norwegen finden sich grosse Laubwälder, doch sind die Nadelgehölze häufiger und für das Land von grösserer Wichtigkeit. Hoch oben auf den Bergesgipfeln, wo nur noch die Zwergbirke ein kümmerliches Dasein zu fristen vermag, beginnt der Gürtel der Gebirgsgrasarten, der die herrlichsten Weiden bietet. Von den 5800 Quadratmeilen, welche Norwegen jetzt an Flächeninhalt umfasst, sind nur 116 dem Ackerbaue gewidmet, die Hauptmasse ist aller Cultur unzugänglich, doch beleben Milliarden von Fischen, Vögeln und Robben die klippenstarrenden Gewässer der Fjorde. Die Einwirkung des Golfstroms, der die Gewässer der Nordwestküste durchwärmt, hält sie bis zum Nordcap von Eisbergen frei; wenige hundert Schritte von den Eisfeldern entfernt grünen oft die üppigsten Aecker; furchtbare Stürme und starke Gewitter machen die langen Nächte der langen Winter unheimlich und es ist durchaus nichts Unerhörtes, dass ein verspäteter fusstiefer Schneefall die Maigefilde überdeckt, ein vorzeitiger Frost schon im September Blätter und Blumen erstarren macht, oder der Juli Hagelschlossen von der Grösse einer Nuss auf die Kornfelder schleudert.

Der Natur des Landes entsprechen die Menschen, welche es bewohnen, in etwa nur halb so grosser Anzahl, wie die der einen Stadt London. Sie sind von starkem, regelmässigem Gliederbaue, sind geistig begabt, redlich, gastfrei, kühn, abenteuerlustig und streitsüchtig; voll von Freiheitsliebe und kochenden Leidenschaften, die unter einem lustigen lebensfrohen Auftreten verborgen ruhen. In alten Zeiten waren sie verrufen wegen Grausamkeit, Völlerei, Mord- und Wollust[1]), berühmt als Meister des Gesanges.

Wie wenigen Völkern sind die Landesproducte und damit die Handelsgegenstände den Norwegern scharf umgrenzt, jene bestehen in den Erzeugnissen des Meeres, des Waldes, der Weide und des Gesteins,

---

[1]) Der Bericht Adams von Bremen IV. cap. 30, dass die Normannen die enthaltsamsten aller Sterblichen seien, indem sie sowohl in Speisen, wie in Sitten Sparsamkeit und Mässigkeit mit dem höchsten Eifer üben, zeigt nur zu deutlich, dass er nicht auf eigener Anschauung beruht (vergl. IV. cap. 20); er widerspricht nicht nur III. cap. 20, sondern auch den ausführlichen Erzählungen der Sagas (wo berauschte Könige durchaus nicht zu den Seltenheiten gehören), und in gleicher Weise dem Anonymus de profectione Danorum: Langebeck, Script. V. S. 352, 353.

es mangelt an denen des Ackers. Da nun aber Vegetabilien den vornehmsten Nahrungszweig aller gesitteten Nationen zu bilden pflegen, so ist die Einfuhr, d. h. der Handel mit denselben eine Naturnothwendigkeit für das Reich. Wie denn auch schon früh in den Volksrechten aufgenommen ward, dass nur der König das Recht habe, eine Hemmung des Kornhandels zu verfügen. Der Hauptreichthum des norwegischen Bauern besteht jetzt in Rindvieh, Schafen und Ziegen, theilweise auch in einem unverhältnissmässig grossen Pferdestande; im Alterthume werden Sklaven, Pferde, Rinder und Schweine genannt. Schwelgt das Vieh im Sommer auf üppiger Bergweide, so begnügt es sich dafür im Winter mit Moos, Baumrinde und Fischköpfen [1]; bis zum Anfange des vierzehnten Jahrhunderts ernährten sich die Pferde ausschliesslich von Gras, erst da brachte ein angesehener Mann die Fütterung mit Hafer auf, welche ihm den Beinamen Pferdekorn eintrug.

Meer, Naturell und Mangel an Ackerbau wiesen die Normannen früh auf Fahrten [2]. Sobald der Jüngling erwachsen war, ging er zu Schiff, erkämpfte sich seine Mannhaftigkeit mit Schwert und Ruder, trieb Seeraub in aller Herren Länder und half mit den Schätzen der Fremde der Dürftigkeit seiner Heimath ab. Waren die Normannen doch wahrscheinlich von seewärts zuerst in das Land gedrungen! Das mit verschwenderischer Pracht ausgeschmückte, vorn in den Kopf eines Ungeheuers auslaufende Drachenschiff, welches schaumsprühend auf den Wogen dahintanzte, war ihr Stolz, ihre liebste Behausung und oft ihre Grabstätte. In der ältesten Zeit, da noch der Nebel des Geheimnissvoll-Schauerlichen sich über die Fluthen breitete, hielt sich der Steuermann gern noch in Sicht der Küsten, lenkte er den Hintersteven seines gehorsamen „Wurms" höchstens bis Dänemark und in die Ostsee; aber bald wuchs sein Gesichtskreis mit der Freude am Wagniss, bald trotzte er mitten auf dem breiten Rücken der Nordsee, jeder Schranke Hohn sprechend. Jetzt sahen denn auch die zitternden Bewohner sämmtlicher Küsten Westeuropas, selbst die der mauretanischen, italienischen und griechischen ihre schnellen Ruder und Segel und ihre hohen Gestalten mit dem blonden

---

[1] Vergl. unter Anderem: Blom, das Königreich Norwegen I. S. 133, 135.
[2] Adam v. Bremen IV. cap. 30 bemerkt, dass die Normannen arm seien und durch Mangel am Nothwendigen gezwungen, in der ganzen Welt umherzuschweifen.

Flatterhaar und den furchtbar blitzenden, blauen Augen; die Eisblöcke, welche Island und Grönland umstarrten, konnten sie nicht abschrecken, ja, schon ein halbes Jahrtausend vor Columbus haben sie jenen Welttheil entdeckt, der dem Eifer deutscher Gelehrten seinen heutigen Namen Amerika verdankt. Doch die Normannen waren ein Volk von zu grosser innerer Consistenz, um es an blossen Abenteuern genug sein zu lassen und die Länder, gegen welche sie ihre Kiele trieben, waren zu reich und einladend, um nicht den Wunsch zu erwecken, sich dort dauernd anzusiedeln. Im Laufe des neunten und zehnten Jahrhunderts liessen sie sich an den Gestaden der Normandie, bei der Mündung der Loire, am Ausfluss der Rhône und Somme und auf Walcheren nieder; die Angelsachsen rangen mit ihnen einen verzweifelten Kampf, der durch die Abtretung der nördlichen Hälfte an dänische Heerkönige nicht beendet werden konnte; in Dublin begründete der Stamm Ivars ein Reich, in Waterford, Cork und Limmerik bestanden eigene norwegische Staaten, auf den Orkneys herrschte ein norwegischer Jarl, auf den Hebriden hatte das keltische Element dem norwegischen weichen müssen, die Faröer traten unter norwegische Hoheit, die Insel Man wurde tributpflichtig, und selbst Island erlag nach glücklicher Freiheit den Beeinflussungen des Königs Hakon Hakonson[1]). Waren durch die Natur des Landes die Gegenstände des Handels bedingt, so durch die blutigen Runen, welche das Schwert grub, durch Verwandtschaft der Nationalitäten und politische Wechselwirkungen die Gegenden, mit denen sich Handelsverbindungen anknüpften; mit England und Dänemark.

Bei der naiven Art, womit in jenen frühen Zeiten Seeraub und Handelserwerb Hand in Hand gegangen ist, scheint es, als ob sich bereits im Laufe des neunten Jahrhunderts am Ausflusse des Laaven in das Skager Rak ein nennenswerther Handelsplatz in Skiringssal gebildet habe[2]), sicher ist, dass schon in der ersten Hälfte des

---

[1]) Vergl. Munch, das heroische Zeitalter der nordisch-germanischen Völker, II, S. 108 ff., 181 ff., 139 ff. Maurer, Bekehrung des norwegischen Stammes, I, S. 48—88, 121 ff. Maurer, Island, S. 2, 3, 25, 26, 98 ff. Worsaae, Die Dänen und Nordmänner in England, Schottland und Irland, S. 2 ff. u. A.

[2]) Munch, Det norske Folks Historie I. 1, S. 380, 381 sagt mehr über den Handel von Skiringssal, als sich beweisen lässt. Vergl. auch Munch, die nordisch-germ. Völker I, S. 252 f.

zehnten Jahrhunderts ein Unterkönig von Westfold regieren konnte, den man Björn den Kaufmann nannte, da er Kaufschiffe auf der Fahrt nach ausländischen Häfen hielt, und seine Hauptstadt Tunsberg nicht nur von inländischen Schiffern, sondern auch von Dänen und Sachsen, d. h. wohl vornehmlich von Angelsachsen, besucht wurde [1]). Durch die Vikingerzüge eingeleitet und ununterbrochen aufrecht erhaltene Beziehungen gefördert, begab sich der norwegische Händler schon früh mit Fischen, Häuten und werthvollem Pelzwerk auf die englischen Märkte, um von dort Wein, Weizen, Honig und Gewänder in die Heimath zurückzuführen, was andererseits wieder den angelsächsischen Kaufmann lockte, die Nordsee in umgekehrter Richtung zu durchschiffen. Björn der Kaufmann verblutete unter der Axt seines Bruders, doch war unterdessen am christlichen Hofe Adalsteins der jüngst geborne Sohn Harald Schönhaars, Hakon, herangewachsen; er landete plötzlich an der norwegischen Küste und gewann Anhang; der mit vierfachem Brudermord beladene Erich musste nach England fliehen, wo er gute Aufnahme fand und sich mit seinen Söhnen taufen liess. Hakon verdiente sich den Namen des Guten; unter ihm herrschte Friede zwischen Bauern und Kaufleuten, und das Wohlgefallen der Götter segnete Norwegen durch einträgliche Jahre zu Wasser und zu Lande. Nach Verlauf von zwei Jahrwochen jedoch errangen die Söhne des vertriebenen Erich Blutaxt die Regierung in Norwegen; Harald war der Mächtigste unter ihnen, man nannte ihn Graufell, weil er ein Stück Rauchwerk einem isländischen Schiffer zu Gefallen anlegte, damit die Nachahmungssucht dem Pelzhändler Absatz verschaffe. Sein Aufenthalt in England war also nicht spurlos an ihm vorübergegangen.

Eines der wesentlichsten Momente der Einwirkung von Westen her lag in der bereits angedeuteten Uebertragung des Christenthums. Mochten auch einzelne Glaubensboten von Hamburg, der

---

[1]) In der Harald Haarf. Saga cap. 38 heisst es, dass Kaufschiffe aus Dänemark und Sachsenland nach Tunsberg segelten. Vergl. Munch I. 1, S. 381, 589. Dahlmann, Gesch. von Dännemark II. S. 90; dennoch werden wir die Stelle, dem ganzen Laufe der Entwickelung gemäss, wohl wie oben verstehen müssen (Lappenberg, Gesch. v. England 1, S. 624 f. vergl. oben S. 4, Anm. 1), obgleich nach Maurer, Bekehrung des norweg. Stammes I, S. 385, Anm. 11 die nordischen Quellen zwischen einem Enskr und einem Saxneskr Mann unterscheiden. — Wohl zu beachten bleibt die späte Abfassungszeit der Saga, welche der Glaubwürdigkeit ihrer einzelnen Berichte Abbruch thut.

Metropole des Nordens, über Dänemark und Schweden bis in die südlichen Theile von Norwegen vorgedrungen sein, bleibende Erfolge hatten sie nicht erzielt, denn erst englischen Missionaren war es vorbehalten, die neue Lehre dauernd in den Thälern des schwarzen Felsblocks heimisch zu machen; in England empfingen die ersten Nordleute die Taufe. Nicht allein, dass von jeher sich der Handelsmann dem begeisterten Streiter Christi an die Fersen heftete, auch die Grundgebote des Christenthums, welche Milde gegen Schwächere und den Hülfsbedürftigen Beistand zu leisten vorschrieben, mussten nach und nach einem friedlichen Verkehre zu Gute kommen; doch war es vorerst noch ein etwas groteskes Gemisch von Glaubenssätzen und elementaren Leidenschaften, welches sich in den Gemüthern jener Männer herausbildete, deren bester Theil des Lebens in wildem Ringen um das Dasein verbrauste. Mancher, der noch zähe an den Asen seiner Altvorderen hing, weihte sich in grösster Gefahr dem fremden Gotte, um später, da man ihm längst schon das weisse Gewand um die Schultern geschlungen hatte, bei Seesturm und Holmgang wieder Thors und Odins Beistand anzuflehen. Es wurde eine gewöhnliche Sitte, sich mit dem Kreuze bezeichnen zu lassen, sowohl unter Kaufleuten, als auch unter denen, die bei Christen in Dienst gingen, denn die Leute, welche mit dem Kreuze bezeichnet waren, hatten die volle Gemeinschaft mit den Christen und ebenso mit den Heiden und hielten das als Glauben, was ihnen am meisten zusagte [1]). Uebrigens wurde selbst beim Handel auf die Religion Gewicht gelegt; so antwortete Kjartan: ich hatte zumeist im Sinne, dass wir mit unseren Schiffen nach England fahren möchten, denn dort ist jetzt ein guter Markt für Christenleute [2]). Wie eng Kirche und Kaufmann oft zusammenhingen, mag unter anderem der Bericht Rimberts erhärten, wo er im Leben des heil. Ansgar erzählt, wie zu Schleswig in Folge der Bildung einer christlichen Gemeinde, Kaufleute von Hamburg und Dorstede jenen Ort frei zu besuchen anfingen, was vorher unmöglich gewesen [3]).

Der englische Einfluss erhielt sich in Norwegen als der massgebende und machte den Metropolitanverband mit Hamburg fast zu

---

[1]) Eigils Saga Skallagrissomar cap. 50. Vergl. Maurer, Bekehrung I, S. 193 Anm. 5, S. 30, 195, 335—6 Anm. 42, 349, 541 Anm. 28. II. S. 332—335. v. d. Hagen. Nordische Heldenromane IV, S. V.

[2]) Maurer I, S. 193.

[3]) Vita Anskar, cap. 24.

einem nominellen, bis politische Verwickelungen unter Olaf dem Heiligen die Verhältnisse zu verschieben begannen. Olaf stand nämlich während der ganzen Zeit seiner Regierung zu König Knut von England und Dänemark in einem Gegensatze, der in schwere Kämpfe ausmündete, in denen Olaf zu Grunde ging. Bei solcher Lage der Dinge erklärt es sich leicht, dass Olaf einen Stützpunkt in dem norddeutschen Erzbischofe suchte, um so eher, als auch dessen Politik, wegen des Vorschiebens englischer Priester in die dänische Kirche, sich mit der König Knuts kreuzte. Olaf verlangte nunmehr von den englischen Geistlichen, die in seinem Lande wirkten, die Unterwerfung unter den Metropoliten[1]), wie denn andererseits sein Auftreten gegen den üblichen Seeraub, welchen er bei Vornehm und Gering mit dem Leben und Verlust der Gliedmassen strafte, dem Emporblühen eines friedlichen Verkehrs, auf den Norwegen so dringend hingewiesen war, wesentlich zu Gute kam. Nur noch wenige Jahrzehnte waren erforderlich und das „kleine Bremen" sah von allen Weltgegenden her Besucher heranströmen, zumal von den Völkern des Nordens. Unter diesen kamen aus äusserster Ferne Gesandte der Isländer, Grönländer und Orchaden mit der Bitte, der Erzbischof möchte doch Prediger dort hin senden, was er auch that. Der Zehnte vom bischöflichen Haushalte wurde zur Bewirthung der Fremden verwendet, Erzbischof Adalbert selbst hielt beständig Männer bereit, die ankommenden Gäste zu empfangen[2]). Etwa um dieselbe Zeit, unter König Olaf Kyrre, hörte die geistliche Regierung durch Missionsbischöfe in Norwegen auf und begann die Eintheilung des Landes in feste Diöcesen, womit wieder der Bau von Kathedralkirchen eng im Zusammenhange stand.

Da ist es nun bemerkenswerth, dass sich in Norwegen mit dem kräftig aufstrebenden Christenthume nicht der Sitz einer blühenden architectonichen Schule bildete, dass auch nicht von Deutschland, von der geistlichen Metropole aus, das baukünstlerische Leben eingeführt wurde, sondern dass englische Einwirkung noch nach wie vor überwiegend blieb, sich der englische Handwerker noch als herr-

---

[1]) Maurer. I, S. 278 ff. 586 ff. Keyser, Den norske Kirkes Historie I, S. 33 ff. 137 ff. Zorn, Staat und Kirche in Norwegen. S. 9. Dehio, Gesch. des Erzbisthums Hamburg-Bremen I, S. 149—153.

[2]) Adam Bremens. III, cap. 23; Schol. 79. III, cap. 38. Anhang. IV, cap. 17. Vergl. Dehio, Hamburg-Bremen I, S. 187, 188, 201, 202, 241, 242 u. A.

schend erwies. Wir finden nämlich an den bis in unsere Zeit erhaltenen Steinkirchen die stämmigen, kurzen Rundsäulen mit gefälteten Kapitälen, die Portale mit Zickzackverzierungen und die flachen Dachgiebel, welche deutlich auf den englisch-normannischen Stil zurückweisen; nur die Domkirche zu Drontheim, Norwegens glänzendste architectonische Leistung, welche jedoch nur noch wenige romanische Ueberreste enthält, zeigt einen Rundbogenfries, der an spätromanische deutsche Bauten erinnert. Dies ganze Verhältniss ist um so mehr zu beachten, als in den dänischen Kirchenbauten von vorn herein deutscher Einfluss der herrschende gewesen zu sein scheint[1]). Dennoch ist sicherlich, wie überall, so auch von Bremen aus, der Handwerker und Kaufmann früh dem Priester nach Norwegen gefolgt; ja, bisweilen ist er ihm vielleicht sogar vorausgeeilt[2]). Einmal die Verbindung geknüpft, wurde sie allmählich fester und weiter, und entwickelte sich so lebhaft, dass am Ende des dreizehnten Jahrhunderts 22 bremische Ehrenmänner eidlich erhärten konnten, sie hätten bisher mehr als Andere das norwegische Reich besucht[3]).

Vorerst aber blieb noch der englische Handel im Vordergrunde und zwar wohl mit besonderer Ergiebigkeit für den englischen Kaufmann, der sich auf eine Reihe von geregelten Gemeinwesen stützen konnte, während ihm der Norweger langdauernd als vagabondirender Raubhändler gegenüberstand. Dies sollte sich ändern, als sich in dem Felsenlande neben Bauernhütte und Adelshof auch das Städtewesen entfaltete. Ursprünglich eine Ansammlung menschlicher Wohnungen um Königshaus und Kirche, wurde erst nach und nach empfunden, dass in ihr ein neues Element gegeben sei und zwar das vornehmste, um wahre nationale Blüthe und Gesittung zum Ausdrucke zu bringen. Die ältesten Städte entstanden naturgemäss in dem bevölkertsten, culturfähigsten südöstlichen Theile des Reiches, der durch Flüsse die Verbindung des Innlandes mit dem Meere erleichterte und für die Schiffe der Nordsee so gelegen war, wie für diejenigen, welche der Südwind von Jütland, den dänischen Inseln und den Gestaden des baltischen Meeres trieb: es waren die schon genannten Skiringssal und Tunsberg. Eng mit der Niederwerfung des Heidenthums hängt die Gründung der Kaufstadt (Kaupstaðr) Nidaros zusammen, welche

---

[1]) Schnaase, Gesch. der bildenden Künste, IV, S. 607, 608, 613, 614.
[2]) Dehio, Gesch. des Erzbisthums Hamburg-Bremen, I, S. 56—58.
[3]) Bremisches Urkb. I, No. 444.

wir jetzt unter dem Namen Drontheim kennen. Auf des Königs Gebot zog Alles von dem heidnischen Lande dorthin, es war eines Sommers Sache, dass das Weichbild entstand und historisch folgerichtig, dass es später zum Sitze des norwegischen Erzbischofs erkoren wurde. Olaf der Heilige, welcher Nidaros mit einer prächtigen Königsburg schmückte, gründete bei Gelegenheit seiner schwedischen Händel die Festung Borg, umgab sie mit einem Walle, baute Kirche und Königshaus hinein und verlegte dahin das Ting der Uplande. Bald entstand auch an der Stelle des heutigen Christiania die Stadt Oslo, Kongahella wurde durch Sigurd Jorsalafar zu ungewöhnlichem Glanze erhoben, den jedoch bald der Ueberfall einer gewaltigen Wendenflotte vernichtete. So war Süden und Norden angebaut, während dem Westen ausschliesslich noch schmutzige Fischerdörfer und massive Adels- und Königshöfe seinen Charakter gaben, da machte sich Olaf Kyrre daran, hier und damit für Norwegen eine neue Epoche herbeizuführen.

Seit alter Zeit erhob sich auf der grossen Halbinsel, welche zwischen Osterfjord im Norden, Björne und Sammangerfjord im Süden in das Meer ragt, ein in Sage und Geschichte vielfach genannter Königshof Aalreksstadt[1]). Er lag an dem kleinen Elv, der sich in einen Meerbusen ergiesst, welcher den Namen Aalreksstadvaag trug und durch den starken Strom, den der Fluss verursacht, nur zu gewissen Zeiten zugänglich ist. Unmittelbar nördlich davon schiebt sich eine kleinere, zungenförmig gestaltete Seebucht in das Land, einfach Vaag genannt, den Schiffen stets offene Einfahrt bietend. Beide Busen sind äusserst reich an Fischen, bis dicht an's Ufer tief genug für die grössten Fahrzeuge und gegen den Wogenprall des Oceans durch eine Reihe von Felseneilanden geschützt. Die Umgebung war voller Hölzungen und die Seeküste bot vortrefflichen Wieswachs, während frische Brunnen zur Ansiedlung einluden und hohe Berge die rauhen Winde abwehrten, welche von den Schneefeldern des Dovre- und Sogne Fjeld herüberwehten. Kein Wunder mithin, dass sich in der Nähe des besuchten Königshofes, namentlich auf der Ostseite der Vaag, ein Kranz von Häusern ansammelte, der anfangs nur von Fischern und Leuten bewohnt war, die zur Burg

---

[1]) Ingvar Nielsen, Bergen fra de ældste Tider indtil Nutiden, S. 1 ff. Munch II, S. 433 ff. Holberg, Beschreibung von Bergen, S. 1 ff. Ueber Stavanger vergl. Munch II, S. 616.

in Beziehung standen, nach und nach aber auch Händler und Handwerker anzog, so dass die Häuser zu einer kleinen Strandstadt zusammenwuchsen. So beschaffen, zog sie die Augen König Olaf Kyrres auf sich, der lebhaft den Aufschwung des Städtewesens begünstigte. Er nahm sich des Ortes an und leitete durch seine Thätigkeit, welche sich bis auf die Einrammung von Pfählen erstreckt haben soll, die merkantile und politische Grösse desselben ein. Der Name Bergen verdrängte nunmehr den von Aalreksstadt. Es zeugt von nicht geringem Scharfblicke des „friedlichen" Olaf, dass er gerade diesem Hafen an der Vaag sein lebhaftestes Interesse zuwandte. Von Bergen aus erreichte ein Langschiff ungefähr in derselben Zeit Kongahella, Tunsberg, die Shetland Inseln und Nidaros; es lag mithin in dem eigentlichen Mittelpunkte des Reiches, woraus sich als naheliegend ergab, dass es zu dessen Hauptstadt wurde. Aber Bergen erhob sich auch in ungefähr gleicher Entfernung von den fischreichen Lofodden, von Island, Irland, dem Londoner Hafen, der deutschen Nord- und Ostsee-Küste, von Gotland und Kalmar, wodurch sich fast mit Nothwendigkeit ein bedeutender Handelsplatz aus ihm entwickeln musste. Durch Natur und Königthum begünstigt blühte die Stadt schnell empor, Kaufleute vom Auslande kamen einhergesegelt, viele reiche Leute liessen sich darin nieder, und bald umrahmte sie einen grossen Theil des Halbkreises der Vaag, amphitheatralisch gegen die Berge emporsteigend. Das Stapelhaus war mehrere Etagen hoch, das königliche Schloss war der prächtigste Holzbau seiner Zeit in ganz Norwegen, am Ufer wurden Brücken errichtet, vor denen die Schiffe anlegten, in Buden ward Bier verkauft und Waaren ausgestellt, mehrere stattliche Kirchen erhoben sich, unter denen zumal die grosse Christkirche hervorragte. In ihr bewahrte man die Reliquien des heiligen Sunnivar, sie dadurch zum Centralheiligthum des westlichen Norwegens machend. Mönchs- und Nonnenklöster wurden aufgeführt, der Bischofsitz von Saelö nach Bergen verlegt und das Ganze durch eine Steinmauer mit Thürmen und Thoren umzogen. Schon im dreizehnten Jahrhundert machte Bergen für den, der von der See her kam, einen grossartigen Eindruck; langte er bei der Brücke an, so eilten plötzlich Männer herzu und zogen das Schiff an einen passenden Ort, auf dem Quai und den Strassen wimmelte es von Menschen, Waaren der verschiedensten Art wurden feil geboten; ja, es scheint, als habe sich damals schon der Lootsendienst ausgebildet; die Gefahren des Meeres und die Vertrautheit des Norwegers mit demselben drängten zu jenem Gewerbe [1]).

Dem äusseren Glanze der Stadt Bergen entsprach der, welchen darinnen die Menschen entfalteten: die Könige hielten sich dort mit Vorliebe auf, wiederholt sah sie grosse Reichs- und Kirchenversammlungen innerhalb ihrer Mauern, noch öfter prächtige Hoffeste, und seit Magnus Erlingsson wurde Bergen sogar Krönungsort. Früh erhielt es eine eigene Verfassung, die uns leider verloren ist, und früh hat es auch eigene freie Gerichtsbarkeit ausgeübt, bis ihm dann durch Magnus Lagabäter ein neues Stadtrecht zu Theil wurde, welches es vollends selbständig aus dem umliegenden Landgebiete heraushob. So kann es denn auch nicht Wunder nehmen, dass Bergen in den furchtbaren Bürgerkriegen, welche seit dem Tode Sigurd Jorsalafars bis auf Herzog Skule das Reich durchtobten, eine hervorragende politische Rolle spielte, dass in den Bürgern durch Reichthum und gemeinsam überstandene Gefahren ein trotziges Selbstbewustsein erwuchs. Als Sigurd, der schlimme Diaconus, vor ihnen redete, verwarfen sie ihn, schlugen mit den Waffen zusammen und erklärten ihn und seinen Anhang für friedlos. Bei der geringsten Gelegenheit fuhren ihre Fäuste zu Messer und Beil, das Verbot, welches Nicolaus Breakspear als päpstlicher Legat durchsetzte, dass in den Städten keine Waffen getragen werden sollten, blieb ziemlich illusorisch; wiederholt ist das Blut der Könige in Bergen geflossen. Auch moquant war man dort, wie gewöhnlich in Grossstädten; der Sohn des hochfahrenden Isländers Sämund musste an der Vaag unausgesetzte Neckereien ertragen, die Ueberfall, Raub und Mord nach sich ziehen sollten.

Der Lebensnerv des Ortes war der Handel. In schnellem Aufblühen überholte es sowohl Tunsberg und Oslo, wie Nidaros, wenn letzteres auch noch lange mit dem alten Namen der Kaufstadt bezeichnet wurde und vorübergehend durch Hakon Magnussons Zollerlass in Vortheil kam, wenn auch Tunsberg des Sommers einen vollen Hafen sah, und Oslo reich und bevölkert genannt wird. Bergen wurde geradezu ein Welthafen. Schon Ordericus Vitalis berichtet von Bergen als von einer Stadt, die von allen Seiten besucht werde, womit eine Notiz in der Orkneyingasaga übereinstimmt, der zu Folge während der ersten Hälfte des zwölften Jahrhunderts viel Volk von

---

[1]) Anonymus de prof. Dan. in Langebek Scr. V, S. 351, 353.

Norden und Süden und aus fremden Landen in derselben zu finden war, welches mancherlei gute Waaren dorthin führte. Sehr schnell wurde Bergen der Hafen, in welchem die Nordlandfahrer ebenso wie auch die von Island und Grönland regelmässig ihre Waaren abzusetzen pflegten, während anderseits auch die einheimischen Kaufleute nicht anstanden, zumal Island zu befahren. Am Ende des zwölften Jahrhunderts fand man an der Vaag neben den schon genannten Isländern und Grönländern auch Engländer, Deutsche, Dänen, Schweden, Gotländer und fernere Nationalitäten vertreten; gedörrte Fische wurden in massloser Fülle feilgeboten, wie nicht minder Honig, Weizen, gute Kleider, Silber und andere Waaren. Fahrzeuge aus den verschiedensten Gegenden belebten in solcher Menge den Hafen, dass, als bei einem der Kämpfe, welche unter Sverrir stattfanden, die Taue der Kauf- und Langschiffe gekappt wurden, der ganze Meerbusen von den losgegangenen treibend angefüllt war. Welche Massen von Waaren in dem Orte aufgestapelt lagen, mag daraus erhellen, dass bei einer Erstürmung und Anzündung der Burg durch die Bagler, die dort verborgen gehaltene Butter in breitem Strome den Burgweg hinunterrann. Was Adam von Bremen über Schweden sagt, es sei ganz voll von fremden Waaren, dürfte nicht minder für Norwegen gelten [1]).

Wie schon früher, so kam auch in dieser Periode das Auftreten der Könige und Herrn dem Handel zu Gute; bereits zu Olaf Kyrres Zeit, gewiss durch ihn begünstigt, fing man an ausländische kostbare Trachten zu tragen: Stiefel, die zu den Waden hinaufgeschnürt, oder auch mit goldenen Ringen an den Waden festgehalten wurden, Röcke zu beiden Seiten mit Schnüren in Falten gezogen und mit fünf Ellen langen Aermeln beschwert. Magnus Haraldson, der gegen Schweden und Anglesea vordrang, liebte es, sich in der Tracht der Bergschotten zu zeigen, was ihm den Beinahmen Barfuss eintrug, und wie er, der König, so kleideten sich Viele vom Hofe; in seiner letzten Schlacht trug er über dem Harnische ein rothseidenes Wamms, auf welchem vorn und hinten ein goldener Löwe gestickt war. Im Grossen und Ganzen konnte durch solche Aeusserlichkeiten der Handel wohl gefördert, aber natürlich nicht bedingt werden; er bewegte sich nach wie vor wesentlich in den Bahnen, welche sich aus der Natur des Landes und des Volkes ergaben, d. h. Norwegen expor-

---

[1]) Adam Brem. IV, cap. 21.

tirte Fische, Pelze, Felle und Daunen, Holz- und Fettwaaren, es importirte Getreide, Getränke, (namentlich Wein und Bier) und Industrieproducte. — Zum guten Theil wurde dieser Umsatz nicht von den Fremden, welche in die Häfen von Bergen und Tunsberg einliefen, sondern von Inländern vollführt. Schon zu Harald Haarfagers Zeit soll, wie bereits bemerkt, König Björn der Kaufmann seine Kauffartheischiffe nach fremden Landen gesendet haben, um ihm Kostbarkeiten und andere Sachen heimzubringen. Wie England und Island, so finden wir seit Alters her auch die Westküste Schwedens durch den normannischen Kaufmann besucht[1]); im Jahre 1122 bestätigte Kaiser Heinrich V. den Utrechtern den althergebrachten Zolltarif für die fremden Handeltreibenden, worin es unter andern heisst, dass die Normannen von allen Zollabgaben frei sein sollten[2]); dass dieselben zur Zeit Kaiser Friedrich I. an den wendischen Gestaden nicht ungewohnte Gäste waren, ergiebt sich aus der Urkunde desselben, welche er 1188 für Lübeck ausstellte[3]).

Ein weniger robustes Geschlecht als das damalige, wäre weit abgeschleudert worden von aller Cultur und allem friedlichen Erwerb durch die Noth und Verzweiflung, welche das Jahrhundert der norwegischen Bürgerkriege, das rasende Ringen der Birkenbeine und Bagler, die lebhafte Wiederaufnahme der alten heidnischen Vikingerzüge, auf denen nicht Heiliges noch Profanes verschont wurde, zu Tage förderte, aber zäh und unbeirrt verharrte der Kaufmann, bis an die Zähne bewaffnet[4]) auf der einmal durchfurchten Wasserstrasse und kaum war eine kleine Friedenspause eingetreten, als auch schon die

---

[1]) Adam Bremens I, Cap. 62.
[2]) Hansisches Urk. B. I, No. 8.
[3]) Hans. U. B. I, No. 33.
[4]) Für die derzeitigen Verhältnisse sehr ergiebig, aber wenig bekannt, dürfte Cap. 90 der Wilkina-Saga sein; dort heisst es: „Es wird uns gesagt, dass einige Kaufleute von Sachsenland nach Dänemark gereist waren; sie hatten viele Güter bei sich und waren zusammen nicht weniger als 60 Mann, alle wohl gewappnet und sie meinten, dass es nicht gar Wenige sein dürften, die ihnen den Weg versperren und sie ihrer Güter berauben sollten. Sie hatten gute Rosse und herrliches Geräthe darauf." — Räuber wurden ihrer gewahr. — „Die Kaufleute aber, als sie ihre Feinde vor sich sahen, waren gutes Muthes, sprangen von ihren Rossen, zückten ihre Schwerter und schwangen ihre Spiese vor sich, indem sie keine Schilde hatten, sich damit zu schirmen. Da erhub sich nun ein harter Kampf und Blutvergiessen." Die Räuber erschlugen alle 60.

Nachricht von einem auf Norwegen bezüglichen Handelstractate auftaucht. Es ist dies der erste, der uns überliefert worden, falls wir nicht die Nachricht der Bergischen Reimchronik als historisch begründet annehmen wollen, dass schon Olaf Kyrre den Engländern Privilegien ausgestellt habe[1]). Jedenfalls hat Heinrich III. von England am 10. October 1217 dem Könige Hakon und dem Jarl Skule, welche Briefe und einen Gesandten an ihn hatten abgehen lassen, von seiner Seite zugestanden, den beidertheiligen Unterthanen solle freier Handel in beiden Ländern gestattet sein, wofern die norwegischen Machthaber ihm in demselben Sinne urkunden würden[2]). Als Hakon 30 Jahre später seine Krönung beim Papste nach langen Verhandlungen durchgesetzt hatte und erfuhr, dass der römische Legat Cardinal Wilhelm, welcher die heilige Handlung vornehmen sollte, unterwegs sei, liess er ein Schiff nach England abgehen, um dort einzukaufen, was sich für die Festlichkeiten irgendwie nothwendig erweisen könnte[3]). Kein Wunder mithin, dass unter den fremden Kaufleuten, die sich in Bergen aufhielten, noch immer der englische Kaufmann überwog, aber schon erwuchs ihm und zugleich dem eingeborenen ein Concurrent an der deutschen Seeküste, der bald den norwegischen Gesammthandel fast ausschliesslich in seiner nervigen Hand zusammenfassen sollte.

Bereits oben wurde bemerkt, wie der Bremen-Hamburger Metropolitanverband vornehmlich die Beziehungen zwischen Deutschland

---

[1]) Nielsen, Bergen, S. 137.
[2]) Rymer Foedera, I. 1, S. 149. Hans. U. B. I, Nr. 227, Anm. 1. ibid. Nr. 169.
[3]) Hakonars h. gamla Saga cap. 219, Werlauff in Kongl. Dansk. Vid. Salsk. Afh. V, S. 69. Dass dieser fortdauernd lebhafte Verkehr auch noch in anderer Weise seinen Einfluss äussern musste, liegt auf der Hand. Er lässt sich unter Anderem schon daran nachweisen, dass die norwegischen Könige neben der grösseren Königskrone auch noch eine kleinere gebrauchten, die zugleich mit der Bezeichnung (Garlanda) nirgend anders her, als von England entlehnt zu sein scheint; wie denn in gleicher Weise das älteste norwegische Krönungsritual von den Angelsachsen entlehnt sein dürfte, womit trefflich übereinstimmt, dass sich weder bei diesen noch bei den Normannen der Reichsapfel bei der Krönung nachweisen lässt. Werlauff, S. 82, 92, Stubbs, Const. History of England, I, S. 144. Ueber den Zusammenhang angelsächsischer und fränkischer Krönungsformeln vergl. Waitz, Krönungsformeln, S. 20 f. in Abh. d. kgl. Ges. d. Wissensch. in Göttingen, XVIII, und Waitz, Verfassungsgesch. VI, S. 165.

und den Felsengestaden vermittelte. Wiederholt begegnen wir Deutschen in Norwegen, zumal Missionaren und anderen Geistlichen, doch war auch jener kunstfertige Baumeister von Belagerungsmaschinen, der sich im Gefolge des Bischofs Nicolaus von Bergen befand, ein Deutscher[1]) und am Hofe Skules erbot sich ein Brabanter, ein Kraut zu schaffen, mit dem man bloss die Hände zu reiben brauche, um sie bei der Eisenprobe feuerfest zu machen[2]). Nicht minder müssen die Raubzüge der Normannen, welche bis in die Mitte des elften Jahrhunderts die Ufer der Elbe und Weser heimsuchten, eine Menge deutscher Gefangener über das Meer geführt haben[3]), wodurch manche neue Fäden einer Verbindung geknüpft wurden.

Andererseits mag uns der Bericht Adams von Bremen[4]) über jene planlose Abenteuerfahrt friesischer Edelleute in das unbegrenzte blaue Meer hinein beweisen, dass die Deutschen der Seeküste damals den Normannen im kühnen Wagen mit Kiel und Segel nicht sonderlich nachgestanden sind. — Das erste Mal, da wir von einem massiven Auftreten derselben in Norwegen hören, ist zu der Zeit, wo auch der anonyme dänische Kreuzfahrer von ihrer Anwesenheit in Bergen berichtet. Damals hatten deutsche Kaufschiffe so viel Wein nach dem Vaag gebracht, dass dieser sonst rare Trunk so billig wie Bier geworden und in Folge dessen massenhaft consumirt wurde. Unsinnige Völlerei griff um sich, die in Schlägereien und Blutvergiessen ausartete. König Sverrir konnte dem nicht länger zusehen; er berief eine Versammlung, auf der er, seiner Gewohnheit gemäss, eine längere, wohlgesetzte Rede hielt. Er dankte darin den englischen Männern, welche Weizen, Honig, Mehl und Tuch eingeführt hätten, in gleicher Weise denen, die von den Orkaden, Shetland, Faröern, Island und anderswoher gekommen seien, erklärte sich aber den Deutschen sehr wenig verbunden, die in Fülle mit grossen Schiffen dorthin gekommen seien, Butter und Fische davonführten und Wein feil hielten, der allzeitig nur zu sehr gesucht sei. Da solch ein Treiben zum Nachtheile des Reichs gedeihe, gebiete er ihnen, sich schleunigst auf und davon zu machen, wofern sie Leben und Güter behalten wollten[5]). Abgesehen davon, dass Trunksucht eine durch-

---

[1]) Nielsen, Bergen, S 60. Munch III, S. 474
[2]) Dahlmann, Gesch. v. Dänm. II, S. 174, Anm. 1.
[3]) Adam Bremens. II, Cap. 29, 74.
[4]) Adam Bremens. IV, Cap. 39.
[5]) Sverrirs Saga, cap. 103, 104. Torfäus, Historia Rer. Norwegic. IV, 1, 3. Dahlmann, Gesch. v. Dännemark II, S. 349, Nielsen, Bergen, S. 142.

gehende Eigenthümlichkeit der Norweger vom Könige bis zum Bettler hinab war, welche eine Unzahl von Brauereien und Bierstuben und wiederholte scharfe Massnahmen hervorrief, ist im obigen Falle durchaus nicht unwahrscheinlich, dass die üblen Wirkungen des Weins ebensosehr der Qualität als der Quantität ihren Ursprung verdankten, indem uns aus etwas späterer Zeit die Klage vorliegt, dass die Deutschen nichts als schlechten Rheinwein brächten [1]). Es dürfte auch recht bezeichnend sein, dass gerade Getränke und ihre Folgen die Deutschen in die norwegische Handelsgeschichte einführen. Wie wenig der vorübergehende Unmuth König Sverrirs gefruchtet hatte, lehrte die nächste Folgezeit. Bereits während Hakon Hakonsons Regierung soll es zwischen Leuten aus der Grafschaft Holland und den Bürgern von Bergen zu Mord und Todtschlag gekommen sein, weil erstere ihre Schiffe an einem diesen unbequemen Ort angebunden hatten [2]). Nicht als ob derartige Auftritte allein gegen die Deutschen vorgekommen wären, wir vernehmen auch von Raufereien mit Dänen und Engländern, immer mehr und mehr aber schoben sich jene in den Vordergrund. — Durch das schnelle Aufblühen ihrer Mutterstädte voll Selbstgefühl, voll Uebermuth durch den Reichthum, welchen ihnen andere Völker liefern mussten und in Folge steter Gefahren roh und gewaltthätig, konnte das Verhältniss der Deutschen zu den Norwegern, denen sie ununterbrochen den Verdienst schmälerten, im Ganzen kaum anders als gespannt sein, kleine Chicane und gelegentliche Uebergriffe werden sich in langer Reihenfolge ereignet haben, bis einmal, durch irgend ein Sandkorn veranlasst, die Elemente wieder härter aufeinander platzten, man gegenseitig Repressalien ausübte, oder sich auch gar offen befehdete, wobei dann sonnenklar hervorleuchtete, dass die Deutschen und ihre Waaren schon zu einer Nothwendigkeit für das Land geworden waren, deren man nicht mehr entrathen konnte. Dies ist der Grund, auf welchen fussend die Deutschen ein Recht nach dem anderen zu erwerben verstanden.

Ihnen kamen dabei vornehmlich zwei Umstände zu Statten. Der erste bestand darin, dass Norwegen nicht die richtigen Elemente für den Handelsstand besass, dass der Eingeborene, seiner Natur entsprechend, ein unstätes Leben führte, dass er sein Heim aufschlug, wo er sich gerade befand, ein sesshafter, mit einem Orte verwachsener und

---

[1]) Nielsen, Bergen, S. 142.
[2]) Torfäus, Historia IV, 4, 26. Nielsen, Bergen, S. 144.

diesen bedingender Bürgerstand im Lande nicht existirte[1]). Lebhaft und regsam verwirklichte der Einzelne das, worauf er gerade sein Augenmerk richtete, auf die Dauer aber konnte er den Deutschen nicht gewachsen sein, die ihm als aristokratische Corporation mit bestimmten, scharf zugeschnittenen Principien, mit überlegener Cultur und überlegenen Geldmitteln gegenüber standen. Von nicht geringer Wirkung musste es auch sein, dass die vornehmen Norweger, zumal seit der Zeit Sverrirs, vielfach in den Hofdienst traten oder planlos auswärts umherreisten, dass die grossen Grundbesitzer lieber an Fremde als an Einheimische verkauften, da sie von ihnen baar bezahlt erhielten, oder grosse Auswahl zum Tausche auf deren Stapelplatz vorfanden. Wie ein Keil schoben sich die Deutschen in ihrer Geschlossenheit in die lockere Masse der Stadtbewohner hinein.

Der zweite Umstand, der zum Vortheil der Deutschen Kaufleute wirkte, entsprang aus derselben Wurzel, wie der erste; er bestand darin, dass in den norwegischen Städten, zumal in Bergen, ein Handwerkerstand erwuchs, der grösstentheils aus Angehörigen jener Nation bestand und später nach dem Hauptgewerbe, das sie betrieben, als „Schuster" bezeichnet ward. Dem Normannen wohnte zwar schon damals ein unbestreitbares Geschick für mechanische Arbeiten inne, er war aber einerseits dem emsig stillen Wirken abgeneigt und andererseits dem Deutschen in technischer Bildung unterlegen. Anfangs werden erst einzelne Handwerker im Gefolge der Priester und Kaufleute nach Norwegen gekommen sein, ihnen folgten andere, man freute sich ihrer, nahm sie auf und leistete ihrer Niederlassung bereitwillig Vorschub. Im Laufe des dreizehnten Jahrhunderts, parallel mit der Ausdehnung des deutsch-norwegischen Handels, erwarben sie sogar, begünstigt von den Königen Hakon Hakonson und Magnus Lagabäter, eigene Quartiere in der Nähe der Handelshöfe Bergens, innerhalb derer sie arbeiteten und zu gleicher Zeit Detailverkauf trieben; ja, es heisst sogar, dass ihnen gerade die Gegenden eingeräumt seien, die früher Engländer und Schotten, denen König Hakon Gram geworden, inne gehabt hätten[2]). Kein Wunder dass die stammverwandten Handwerker und Kaufleute sich gegenseitig die Hände reichten.

Zumal in der Hauptstadt Norwegens drang der deutsche Einfluss

---

[1]) Nielsen, Bergen S. 158. Munch IV, 2. S. 245.
[2]) Holberg, Beschreibung I, S. 127, 164. Sartorius-Lappenberg. Urkundl. Gesch. der deutsch. Hanse I, S. 193. Anm. 1. Nielsen, Bergen, S. 147. Munch, IV. 2. S. 248.

also doppelgeartet vor, selbst der norwegisch-englische Zwischenhandel fing an, davon berührt zu werden, da schon im Jahre 1228 Heinrich III. das Gebot erlassen konnte, dass eine mit norwegischer Mannschaft und sächsischen Kaufleuten kommende norwegische Kogge überall an den Küsten seiner Lande unbehindert ankern und frei verkehren dürfe[1]). Auch der directe Handel muss sich erweitert haben, für die Producte Islands, Grönlands und Norwegens brachte der Deutsche bald Mehl, Getreide, Bier, Honig, Salz, Leinen, Tuche, Gewürze und Erzeugnisse des Kunstgewerbes[2]).

Doch auf diese rein materiellen Bedürfnisse beschränkten sich die Wechselwirkungen der beiden Nationen nicht. Von einem Einflusse Norwegens auf Deutschland ist uns, dank der traurigen Art unserer deutschen Ueberlieferung, kaum weiteres bekannt, als dass die Rechnung nach norwegischem Gewichte in Lüneburg geläufig war[3]). Ein um so günstigerer Stern hat im Norden gewaltet. Bei seinem Lichte erkennen wir, wie zwischen den sang- und sageliebenden Normannen und den ihnen in der Dichtung vielfach überlegenen Deutschen ein lebhafter Austausch und zwar durchaus zu Gunsten der ersteren Statt gefunden hat. Sowohl die Stoffe der Sigfried- als auch der Wölsungen-Sage, der Kern der Eddalieder, sind dem Deutschen entlehnt, und desselben Ursprunges erweisen sich die Wieland- und Dietrich-Sage. Letztere ist für uns besonders wichtig, da sie wesentlich aus Sachsen stammt und sich der Schreiber derselben auf Erzählungen deutscher Männer, und zwar aus Soest, Bremen und Münster beruft. Die Sage ist um die Mitte des dreizehnten Jahrhunderts aufgezeichnet, also zu einer Zeit, da das kaufmännische Interesse gegen das geistliche und wissenschaftliche in den Vordergrund getreten war. Mag nun der Sammler viele der sächsischen Lieder und Sagen an Ort und Stelle aus dem Volksmunde vernommen haben, gewiss nicht wenige hörte er von den Kaufleuten, die nach Bergen gekommen waren und die langen Winterabende an dem Feuer der Halle verplauderten, die Namen der Handelsorte Soest, Bremen und Münster sind uns Bürgen dafür und zugleich ein Beweis, dass auch die sächsichen Binnenstädte früh mit Norwegen angeknüpft haben[4]).

---

[1]) Hans. U. B. I, No. 227.

[2]) Sartorius-Lappenberg, Urk. Gesch. I, S. 211. vergl. Hans. U. B. I, No. 411 u. A.

[3]) Hans. U. B. I. No. 807.

[4]) Aus der grossen Literatur über den Gegenstand mache ich nur aufmerksam auf Raszmann, die deutsche Heldensage, I u. II. Jessen

Wenden wir unser Augenmerk darauf, welche von den deutschen Städten zuerst mit Norwegen in Handelsverbindungen getreten sind, so können wir nicht umhin den Nordseestädten Bremen und Hamburg den Vorrang einzuräumen, obwohl uns bestimmte Angaben darüber fehlen. Auf dem alten Verkehrswege gelegen, der bei Dorstadt von der grossen Rheinstrasse nach Schleswig abzweigte [1]), mussten sie früh mit den nördlichen Völkern in Beziehung treten, welche durch die Metropolitanverhältnisse gefestigt wurde. Von den lebhaften Wechselwirkungen, die unter dem Krummstabe Adalberts eintraten, ist bereits die Rede gewesen und ebenso von dem kühnen Geiste, der in den Anwohnern der Nordsee lebendig war. Schon zu Anfang des zwölften Jahrhunderts finden wir Bremer Kaufleute nach England fahren; im ersten Drittel des dreizehnten können wir sie urkundlich nicht nur in eben jenem England und in Dänemark, sondern auch schon in Russland nachweisen [2]). Wiederholt vernehmen wir von einzelnen Normannen, die friedlich in Sachsen geweilt haben; in der zweiten Hälfte des zwölften Jahrhunderts urkundet Erzbischof Sigfried von Bremen für die Stadt und die Menge derer, welche dahin ihre Schiffe steuern; im dreizehnten Jahrhundert endlich steht der Verkehr zwischen Norwegen und Bremen, besonders der Heeringsfang des letzteren an der Felsenküste, in voller Blüthe [3]). Was Hamburg anbetrifft, so heisst es schon in der Gründungsurkunde des Grafen Adolf, dass der Hafen der Neustadt für die von allen Seiten dorthin kommenden Leute eingerichtet werden solle; während sich in der Mitte des dreizehnten Jahrhunderts drei Handelswege nachweisen lassen, auf denen Hamburg vornehmlich ‹seine Waaren vertrieb, der vornehmste derselben führte elbabwärts in die Nordsee nach Friesland, Holland, Flandern und Brabant, nach England und Island, Dänemark und Norwegen [4]). Dass der Handel des letzteren gleichfalls mit Holland sehr alt sein muss, erhellt aus der Bestätigung des

---

in der Ztschr. für deutsche Philol. III. S. 1 ff. Die Dietrich-Sage ist bekanntlich von F. v. d. Hagen in das Deutsche übertragen.

[1]) Dehio, Hamburg-Bremen, S. 57, Anm. S. 10 stimme ich durchaus bei.

[2]) Lappenberg, Urkundl. Gesch. des Hans. Stahlhofes in London, S. 5. Anm. 3, S. 8 ff. Hans. Urk. B. I. No. 110, 159, 224, 232, S. 79.

[3]) Maurer, Bekehrung d. n. St. S. 204; Zeitschr. f. deutsche Philol. III. S. 315, u. A. Hans. U. B. I. No. 31, 1040.

[4]) Koppmann in Zeitschr. f. Hamb. Gesch. VI, S. 406 ff.; idem Hans. Geschbl. Jahrg. 1875. S. 4 ff. Lappenb. Stahlhof. S. 9.

Utrechter Zolltarifs vom Jahre 1122 und aus dem Umstande, dass in den dreissiger Jahren des dreizehnten Jahrhunderts — wie schon bemerkt — Holländer und Norweger an der Brücke von Bergen in blutige Schlägerei geriethen.

Wie mit den deutschen Nordseegestaden, so ist Norwegen auch mit denen der Ostsee früh in Verbindung getreten, was sich sowohl aus dem Diplom Kaiser Friedrichs I. für Lübeck vom Jahre 1188 ergiebt, als auch daraus, dass schon einige Jahre früher in der Sverrirs Saga ein Ostseefahrer genannt wird, der dem Namen nach zu urtheilen ein Norweger gewesen. Am frühesten dürfte die alte Handelsmetropole Wisby mit Norwegen angeknüpft haben; bereits gegen Ausgang des zwölften Jahrhunderts sahen dänische Kreuzfahrer Gotländer im Hafen von Bergen und bei dem grossen Brande, der diese Stadt 1248 heimsuchte, lagen gleichfalls gotische Koggen auf dem Vaag [1]); wie denn andererseits die Gotländer schon vorher ein Privilegium von dem englischen Könige Heinrich III. erworben hatten [2]). Auch jene Nachricht Adams von Bremen, dass in Birka unfern Upsala, alle Schiffe der Dänen oder Normannen und ebenso der Slaven, Semben und anderer Völker Scythiens wegen verschiedener Handelsbedürfnisse gewöhnlich zusammen kämen, ist für uns nicht unausgiebig, da seit Alters her unter Dänen und Normannen sowohl die Völker des Dänischen als des norwegischen, oft auch des schwedischen Reiches, verstanden wurden [3]). Als Wisby jeden anderen Hafen der Gegend überholt hatte, ward es die grosse Zwischenstation für die Waaren des Westens, welche nach Curland, Livland, Estland und zumal den Wolchowfluss hinab nach Nowgorod gingen. Von hier aus führte man sie auf zwei grossen Handelsstrassen über Kiew und längs der Wolga in den Orient. In Itil, bei dem heutigen Astrachan, wo im Hause aus Backsteinen mitten unter Zelten der Chazarenfürst Hof hielt, tauschten Araber Pelze, Fische, Honig und Wachs gegen Südfrüchte, Gewebe, Parfümerie und Wein ein; sie liessen sich sogar nicht verdriessen, feine Biber- und Eichhornfelle aus dem fernen Bulghar bei Nowgorod zu holen [4]). Demnach konnte es sich ereignen und war gewiss auch nicht unerhört, dass die Schultern des Chowa-

---

[1]) Hakon Hakonsons Saga cap. 260. Nielsen, Bergen, S. 141.
[2]) Lappenberg, Stahlhof, S. 10. Hans. U. B. I, No. 281.
[3]) Lappenberg, Gesch. v. Engl. I. S. 280.
[4]) Stüwe, Handelszüge der Araber S. 266, 271 und Karte. Körner, Lehrb. d. Handelsgesch. S. 92. Beer, Allgem. Gesch. des Welthandels

resmiers von einem grönländischen Pelze geziert wurden, dass auf seiner Tafel ein Fisch von den Lofodden dampfte, oder in seinem Harem ein Eiderdaunenkissen zu Ruhe und Genuss einlud.

Doch die Tage der Grösse Wisbys neigten sich dem Untergange zu, in Lübeck war ihm ein überlegener Rival erwachsen. Die Travestadt hatte die Reichsunmittelbarkeit erworben, hatte das Joch des dänischen Königs abgeschüttelt, einen dänisch-holsteinischen Angriff zurückgewiesen und strebte nun, im jungen Bewusstsein seiner Kraft, sich allseitig Geltung zu verschaffen. Schon im zwölften Jahrhunderte hatte der Verkehr mit Norwegen begonnen; in der Zollrolle für den Handel der Fremden, die der Rath etwa 1227 erliess, wurde, wie auf Russen und Schweden, so auch auf die Norweger als Besucher des Hafens Rücksicht genommen. Zwanzig Jahre später finden wir den lübisch-norwegischen Handel in vollem Flore, aber auch zugleich eine Verwickelung zwischen den beiden Parteien, die nahe daran gewesen zu sein scheint für die Kaufherrn an der Trave übel auszulaufen.

Damals hatte nämlich der dänische Erich Pflugpfennig die Jugend der holsteinischen Grafen günstig erachtet um die nordalbingischen Lande wieder an sich zu reissen, es war darüber zu grossem Kriegslärm gekommen, in den bald die Völker von Rügen bis Bremen und Skagen einstimmten, nicht zum mindesten die Lübecker, welche guten Grund hatten von der Begehrlichkeit des Königs zu fürchten. Mit Energie und Glück warfen sie sich in den Kampf, der bewährte Kriegsheld Alexander von Soltwedel führte die Flotte. Erregung ergriff und verwilderte die Gemüther; die vielfach nur mühsam inne gehaltenen Schranken wurden durchrissen, zumal den streitsüchtigen und grosssprecherischen Norwegern gegenüber. Die Dänen nahmen und plünderten einige normännische Schiffe im Grönsund, Lübecker und Dänen beraubten die Norweger an mehreren Orten, ja es scheint auch, als ob damals schon deren König Hakon Hakonson Grund gehabt hätte zu klagen, dass seine Ehre von den Städten gekränkt, seinen Leuten vielfach Schaden von ihnen zugefügt sei. Er machte kurzen Prozess und belegte alle Schiffe, welche von Dänemark kamen, die Wendland-Fahrer und mehrere deutsche Koggen, sammt der Ladung, mit Beschlag. Zufällig ereignete sich dies gerade in dem

---

I. S. 156. Ob die Araber auf einem Handelswege nach Nord- und Ostsee gekommen sind, ist strittig; vergl. namentl. Stüwe.

Sommer, wo der päpstliche Legat Wilhelm in Norwegen wegen der Krönung des Königs anwesend war. An ihn wandten sich die Geschädigten und gelang es denn auch der Fürsprache desselben, ihnen ihr Besitzthum vom Könige zurückzuverschaffen [1]).

---

[1]) Snorre Sturlesons Hakon Hakonsons Saga cap. 256. Dieses erste Zerwürfniss zwischen Lübek und Norwegen lässt sich leider nicht in so festen Linien geben, als es wünschenswerth ist, und bei den verschiedenen dafür zu Gebote stehenden Quellen möglich zu sein scheint. Der Grund liegt vornehmlich in dem Umstande, dass wir es mit 4 Briefen zu thun haben, wovon nur einer, und zwar, wie sich leicht ergiebt, der abschliessende ein Datum trägt (6. October 1250). Es fragt sich nun, wie die anderen drei anzusetzen seien. Das Lüb. Urk. B. I setzt den Brief A. (No. 153) vorsichtig zwischen 1247 und 1250 an. Lange und Unger, Dipl. Norw. V, No. 1 haben: Winter 1247—1248 und so auch Höhlbaum im Hans. U. B. I, No. 356. — Brief B. ist vom Lüb. U. B. abermals zwischen 1247 und 1250 datirt (No. 154), vom Dipl. Norwegen (No. 2) und Hans. U. B. (I, No. 366) Sommer 1248. — Brief C. verweist das Lüb. U. B. (No. 252) zwischen 1250 u. 1260, Dipl. Norw. (No. 3) entschieden mit Recht (in das Jahr 1250) vor den Brief D., Hans. U. B. No. 390, 1250 um October 6, nach dem Briefe D. — Deecke in der Gesch. der Stadt Lübeck, der näher auf die Sache eingeht, schliesst sich S. 120 ff. dem Lüb. U. B. an und ebenso hält es Munch IV. I. S. 71. Nielsen, Bergen, S. 167 folgt dem Dipl. Norw. — Der wichtigste von den undatirten Briefen ist A. Nur Höhlbaum lässt sich auf die Gründe einer Datirung ein; er sagt, dass die Zeitbestimmung sich aus Anm. 2 (König Hakon von Norwegen gekrönt 1247, Juli 29) ergebe und den folgenden drei Briefen. Leider lässt sich aber mit Anm. 2 nichts beweisen, da Hakon schon etwa 20 Jahre regiert hatte und sich vor wie nachher urkundlich König nannte (Der findes intet Spor til, al Kroningen, för Unionstiden, giorde nogen Forandring i selve den kongelige Titulatur. Werlauff, Om de norske Kongers Kroning in Kongl. Danske Vid. Selsk. Afh. V. Kiöbenh. 1836). Auch der Verweis auf die anderen drei Briefe giebt weiter nichts aus, als dass Hakon in B. sagt: scripsimus vobis prius in hyeme super pace habenda inter nos et concordia, woraus unmöglich mit Höhlbaum (No. 366 Anm. 2) sicher gefolgert werden kann, wir hätten es mit dem Briefe A. zu thun, um so weniger, da auch B. undatirt ist und vornehmlich nur durch A. seine Zeitbestimmung erhalten zu haben scheint, ohne dass sich irgend Schlagendes für den Sommer 1248 anführen liesse. Für die drei Briefe mangelt es schlechterdings an jeder objectiven Sicherheit, ja selbst ihre Reihenfolge ist nicht unumstösslich zu fixiren. Doch nehmen wir an, die drei Briefe gehörten in die Zeit von 1247—1250 und versuchen wir sie in das richtige Verhältniss zu setzen. Von den Uebergriffen der Dänen und Lübecker ist oben unter Bezugnahme auf Snorre berichtet, da der Kardinal Wilhelm im Sommer 1247 (bis September) in Norwegen gewesen ist, so ist die Zeit der Ereignisse bestimmt. Im Briefe A. ist von Schä-

Eine andere Rückäusserung des dänischen Krieges scheint eine Theuerung gewesen zu sein, welche damals Norwegen heimsuchte und dem Könige ruhigen Verkehr dringend erwünscht machte. Im Laufe des Winters schrieb er einen entgegenkommenden Brief an die Lübecker, erhielt darauf zwar keine Antwort, stand aber dennoch nicht an, im Vertrauen auf deren Neigung zum Frieden, seine Kaufleute mit Waaren nach der Trave zu entsenden. Er bat, sie freundlich aufzunehmen und ihnen Getreide, Mehl und Malz zu verkaufen, deren Ausfuhr anderen Kaufleuten untersagt sei. Es sollte anders kommen, wie er erwartet haben mochte. Gereizt durch die Rücksichtslosigkeit, womit Hakon gegen deutsche Schiffe verfahren war, übermüthig durch ihre Erfolge gegen Dänemark und verbittert durch die Ausübung des Strandrechtes gegen ein bei Tunsberg gesunkenes lübisches Fahrzeug und die Plackereien, denen sie trotz gewährter königlicher Verwilligung in Norwegen ausgesetzt blieben, plünderten

---

digung norwegischer Kaufleute, welche Waaren nach Lübeck brachten, die Rede, dies und die Andeutung im Brief B. scheint das Dipl. Norw. veranlasst zu haben von der vorsichtigen Datirung, des Lüb. U. B. abzuweichen, und doch unterscheidet Snorre nicht nur ausdrücklich das Verfahren der Lübecker von dem der Dänen, welches sich auf Kaufschiffe bezieht, sondern, da der Cardinal schon im September Norwegen verlassen hat, kann unmöglich noch im Winter in der hier vorliegenden Weise auf die Beraubungen der Lübecker Bezug genommen werden. Es bliebe allerdings eine neue Beraubung; damit verlieren wir aber wieder jeden Halt, denn dieselbe kann sowohl früher oder später eingetreten sein. Nun geht aber aus dem Briefe B. hervor, dass Lübecks Stimmung auf Norwegen nicht besonders gut gewesen, wofür wir oben Gründe anführen werden, und ferner dass der König seine Kaufleute im Glauben an Lübecks Neigung zum Frieden, dennoch nach der Trave sandte. Sehr wohl dürfte dazu die Angabe im Briefe A. passen, wo gleichfalls ausdrücklich von norwegischen Kaufleuten die Rede ist, die nach Lübeck segelnd beraubt sind; auch von wiederholter Ehren- und Sachkränkung erfahren wir dort. Vielleicht haben es die Lübecker nicht mit jener Beraubung von welcher Hakon spricht, genügen lassen, vielleicht auch haben wir unter der iniuria derselben apud Wisclemburg nur dieselbe zu verstehen, so dass alsdann Brief C. hinter A. und vor D. gehörte, demzufolge die multiplex discordia et diversarum iniuriarum illacio, die sich zwischen Lübeckern und Norwegern zugetragen, abgeschlossen werden. Die Reihenfolge der Briefe gestaltete sich demnach im Winter (1247/48, 1248/49?) einer x, darauf B. A. C. D.; — C. aber nicht wie Höhlbaum mit D., sondern mit B. und A. in nähere Verbindung gebracht. Absolute Sicherheit fehlt.

jetzt Lübecker Mannen die ankommenden norwegischen Schiffe, und als ob alles wohlgethan sei, fanden die Räuber und das Geraubte Bergung innerhalb der Stadt. Dies war ein grosses Vergehen, aber Theurung herrschte im Norden und die deutsche Zufuhr war nöthiger als sonst geworden. An der Trave wird man nur zu gut davon unterrichtet gewesen sein, zu gut gewusst haben, dass man sich schwierig zeigen dürfe. Jetzt griff Hakon zu einem anderen Mittel, er wandte sich an den deutschen Kaiser Friedrich II., klagte über das Verhalten der Lübecker und bat, ausdrücklich ihnen zu gebieten, seinen Leuten friedlich zu begegnen. Der Kaiser soll darauf hin ein Schreiben an Lübeck erlassen haben, worin er den gewünschten Befehl ertheilte, vielleicht auch die Drohung beifügte, dass er die Oberhoheit (Vogtei?) über die Stadt dem Könige von Norwegen übertragen werde. Hakon Hakonsons Saga berichtet unumwunden, dass er dem Könige ein solches Anerbieten mit der Versicherung gemacht habe, er werde ihn höher ehren als jeden anderen Herrscher auf der Welt. Wie befremdlich dies klingen mag und wie zulässig die Annahme ist, das norwegische Ruhmredigkeit hier im Spiele gewesen, zumal, da von einschlägigen urkundlichen Belegen nichts auf uns gekommen, so dürfen wir dennoch nicht verkennen, dass der Nachricht Wahrheit zu Grunde liegen kann. Nicht allein, dass jenes Angebot mit dem Verhalten Friedrichs gegen Waldemar II. durchaus im Einklange steht, dem er bekanntlich die rechtselbischen Lande bis zur Elde preisgegeben hat; es befand sich der Kaiser auch in alter Freundschaft mit Hakon, er war ihm für die Ablehnung der von Innocenz IV. dargebotenen Kaiserkrone noch speciell verpflichtet, und gerade zu der hier in Betracht kommenden Zeit erfahren wir von anderer Seite, wie der dänische Erich darauf hin arbeitete, Lübeck für sich vom deutschen Reiche abzutrennen[1]). Vor allem kommt in Betracht, dass die Stadt, wahrscheinlich um einen kräftigen Rückhalt zu erlangen, sich mit Papst Innocenz, dem Todfeinde Friedrichs, in das beste Einvernehmen setzte und entschieden zu dem Gegenkönige Wilhelm von Holland hinüberneigte[2]). So thürmten sich bedrohliche Wolken empor, der dänische Krieg dauerte fort und verschlang grosse Summen; es zeigte sich gerathen, gegen Nor-

---

[1]) Lüb. U. B. I, No. 129.
[2]) Lüb. U. B. I, No. 144, 141, anders ward ihre Stellung nach dem Friedensschlusse und Friedrichs II. Tod, vergl. No. 172, 182. Vergl. Deecke, Gesch. d. Stadt Lübeck, S. 89.

wegen einzulenken. Einmal zu der Erkenntniss gekommen, griff der Rath die Sache mit gewohnter Rührigkeit an; in seinem und der Stadt Namen liess er wiederholte Briefe an König Hakon abgehen, worin er die Beschwerden der Seinen darlegte, die verübten Gewaltthaten bedauerte, die Unschuld der Gemeine betheuerte und um Entschuldigung und völlige Wiederherstellung der Freundschaft bat. Norwegen hatte nach wie vor deutsches Korn nöthig, und der König liebte den Frieden. Als nun gar der lübische Bote Johann von Bardewik bei ihm eintraf, konnte es der Vermittlung desselben nicht fehlen, dass „der vielfache Zwist und die gegenseitigen Beleidigungen" der beiden Parteien zum Abschlusse gediehen [1]). Zur Festigung des Friedens entschied König Hakon, dass den Angehörigen beider Theile in Zukunft vollständige Verkehrsfreiheit und freundschaftliche Aufnahme zustehen solle; er versprach der Stadt Lübeck Schutz durch seine dort anwesenden Unterthanen, wenn sie von Feinden beschwert werde; verlangte dasselbe aber auch von den in Norwegen sich aufhaltenden Lübeckern; er gewährte den Kaufleuten der Stadt Freiheiten, wie sie sie in seinem Reiche nicht grösser besessen hatten und erklärte den Vertrag für unverletzt, auch wenn Einzelne ihn brechen würden.

Damit waren die dreijährigen Zerwürfnisse beigelegt, die denkbar nächste Wechselwirkung zwischen Norwegen und Lübeck angebahnt und dem reichsstädtischen Kaufmanne ein fester Boden erworben, von dem aus er zäh und überlegen weiter erobern konnte, besonders, als er allmählich im gemeinen deutschen Kaufmanne aufging. Schon eine Urkunde König Abels von Dänemark aus dem folgenden Jahre berichtet, dass Umlandsfahrer, die, wie es scheint zum grösseren Theile den wendischen Städten angehörten, im schonischen Skanör anlaufen und sich von dort mit Brot, Leinen, Salz und Lebensmitteln nach Norwegen begeben [2]). Auch Hamburg hat bereits zu Hakons Zeit mit diesem Lande in Handelsverbindungen gestanden, wie aus einem Schreiben König Magnus Lagabäters erhellt, worin er dessen Bürger von dem Verdacht eines Mordes gereinigt erklärt, und sie in alle jene Gunst und Gerechtsame, welche sie zu Zeiten seines Vaters genossen, wieder aufnimmt [3]). Dass aber

---

[1]) Hans. U. B. I, No. 389.
[2]) Hans. U. B. I, No. 411 und Varianten.
[3]) Hans. U. B. I, No. 601.

das Verhältniss Hakons zu den Deutschen nicht immer ganz friedlicher Natur geblieben, erhellt nur zu klar aus den enormen Einbussen, welche Bürger von Rostock durch ihn erlitten. Einer derselben, Herr Meincke, verlor eine Kogge und Güter im Werthe von 60 Mark, und sein Knecht wurde noch ausserdem enthauptet[1]). Da Enthauptung eine gerichtlich Strafe ist und ausdrücklich überliefert wird, dass der König jene Beeinträchtigungen zufügte, so dürfte etwas vorgelegen haben, worin die Rostocker die ihnen zustehenden Befugnisse überschritten hatten, und wir irren vielleicht nicht, wenn wir ihr Vergehen in dem noch näher zu berührenden, verpönten Winterhandel zu finden glauben. Die letzte Urkunde, welche wir von König Hakon für Deutsche besitzen, ist ein mit Herzog Wartislaw von Pommern und mit Greifswald geschlossenes Friedensbündniss, demzufolge allen sein Reich besuchenden Kaufleuten von Greifswald sichere Zu- und Abfahrt, Kauf und Verkauf nach heimischer Sitte gewährt und Schutz gegen Unbilden versprochen wird[2]); dass andererseits auch die Norweger nicht ungewohnte Gäste im Hafen von Greifswald gewesen sind, geht aus der ungefähr zehn Jahre jüngeren Zollrolle der Stadt hervor[3]).

So sehen wir denn den deutsch-norwegischen Handel in ununterbrochenem Aufschwunge, und trotz dem war der deutsche Kaufmann gerade in Norwegen schlechter, als fast an allen übrigen Orten des Auslandes gestellt, wohin er seine Schiffe lenkte; er durfte nämlich dort weder nach eigenem Rechte leben, noch nördlich von Bergen fahren, noch auch während des Winters Handel treiben. Ersteres, zusammenhängend mit dem königlichen Fremdenschutz und der weitgehenden Rechtsbefugniss des Herrschers über Land und Leute, konnte nur das Höchste sein, worauf die Kaufleute ihr Augenmerk richteten. Verschieden davon verhielt es sich mit den beiden folgenden Einschränkungen, die nur zum Vortheile der norwegischen Unterthanen bestanden und von den Ausländern als schwere und willkürliche Beeinträchtigung ihrer Interessen angesehen werden mussten. Minder wichtig war die nördliche Küstenfahrt, welche von Alters her als Sonderbefugniss der Norweger angesehen zu sein scheint[4]), von desto grösserer Tragweite aber die Zusammenzwängung des Handels auf die Sommermonate. Aus

---

[1]) Mecklenb. U. B. II, No. 851.
[2]) Hans. U. B. I, No. 579.
[3]) Hans. U. B. I, No. 746.
[4]) Nielsen, Bergen, S. 146.

sich selbst heraus drängte sie zur Uebertretung. Noch wagte sich der Schiffer ungern auf das offene Meer, er liebte es vielmehr, sich in der Nähe des Ufers zu halten; die Witterungsverhältnisse Norwegens äusserten sich oft in vorzeitigen Stürmen, welche das Verlassen des Hafens zu einem Wagnisse erhoben, die Entfernung von der Heimath war gross, der Waarenvorrath nicht immer bis zum bestimmten Termine umgesetzt, und nach demselben stand bei geringer Concurrenz der grösste Gewinn in Aussicht. Winterlager und feste Niederlassungen mussten sich in Norwegen, wie an anderen Orten, als Existenzbedingungen eines geregelten Handelsverkehrs ergeben. Unter solchen Umständen wagten wohl schon früh einzelne kühne Männer dort zu überwintern und im Geheimen es nicht beim müssigen Aufenthalte bewenden zu lassen. Als ihre Anzahl sich vergrösserte und die Regierung darauf aufmerksam wurde, schritt sie doch nur ausnahmsweise ein; vornehmlich wohl, weil die Vermiether der Hafenhäuser gut verdienten und ein Zerwürfniss mit den Städten, welche nothwendige Lebensmittel einführten, möglichst vermieden werden sollte. Am Ende der Regierung König Hakons müssen der „Wintersitzer" schon viele gewesen sein, sie mehrten sich fortwährend, wussten den Zwischenhandel zum guten Theile in ihre Hand zu bringen und den norwegischen Kaufmann immer mehr zu beengen[1]).

In erster Linie werden auch hier die Lübecker gestanden haben. Kaum hatte das Interregnum sein Ende erreicht, als sie sich bereits mit dem neuen Könige Rudolf in gutes Einvernehmen setzten[2]), an sein Hoflager sandten und von ihm ein Schreiben an den hochherrlichen Fürsten Magnus, den berühmten König von Norwegen, den vor Allen geliebten Freund des Kaisers, erwirkten, worin er demselben in prunkreicher Sprache Dank für die den Lübeckern erzeigte Gunst sagt und ihn bittet, ihnen, die vom Schoosse des Reiches so weit entfernt seien, auch ferner sein Wohlwollen zu erzeigen[3]). Unter besagtem Magnus gelang es den fremden Kaufleuten stets festeren Fuss in Norwegen, vornehmlich in Bergen zu fassen, wie unter Anderem das von ihm erlassene Bergische Stadtrecht erweist, dem zufolge es als selbstverständlich angesehen wurde, dass nicht nur eine Menge derselben nach der Hauptstadt kam, sondern sich auch

---

[1]) Nielsen, Bergen, S. 144.
[2]) Lüb. U. B. I, No. 349, 354, 355, 356.
[3]) Lüb. U. B. I, No. 354.

während des Winters dort aufhielt. Wir finden sie, dem losen Verbande des norwegischen Communalwesens entsprechend, sowohl an Rechten, wie an Verpflichtungen den Eingebornen ziemlich gleich gestellt. Es wurde ihnen zugestanden, Häuser in einer norwegischen Stadt zu erwerben, oder auf 12 Monate solche zu miethen, wofür sie aber auch zu allen Kriegsschatzungen herangezogen wurden und, im Verhältnisse von eins zu zwei, mit den Eingebornen an den Wachen auf der nächsten Warte theilnehmen sollten. Dass sie in gleicher Weise anderen Communallasten, namentlich der für den Bergenschen Hafen wichtigen Fortschaffung von Schiffen unterworfen seien, scheint als selbstverständlich vorausgesetzt zu sein[1]). Gesetzlich durften sich die Fremden nunmehr zu allen Zeiten in der Hauptstadt aufhalten, Handel treiben aber auch nach wie vor nur in den Sommermonaten.

Wie wir gesehen haben, war es bisher nicht das deutsche Reich, welches mit dem Könige von Norwegen, wie das englische, zum Vortheile der Kaufleute pactirte, sondern es waren immer nur einzelne Städte, denen er Privilegien verwilligte; — es hatte dies genau den Verhältnissen entsprochen, welche an Elbe und Trave herrschten. Allmählich war aber dort eine wesentliche Veränderung eingetreten, die sich frühzeitig und klar gerade in Norwegen abspiegeln sollte. Der lübische Rath war zu der Erkenntniss gekommen, dass die eminent günstige Lage des von ihm vertretenen Ortes, der Umstand, dass dieser die einzige Reichsstadt in der ganzen Gegend war, ihm eine führende Rolle in Aussicht stellte, die nicht allein Glanz, sondern auch unmittelbaren materiellen Gewinn mit sich bringen musste; und keine Corporation der Welt war mehr geeignet, als gerade der Rath Lübecks, das Erkannte zur Thatsache zu machen. Das nachhaltigste Mittel zur Erreichung seines Zieles lag in der Association. Es galt, die nächst gelegenen Städte, deren wesentlichste Interessen mit denen Lübecks parallel liefen, an sich zu ziehen, ihnen den Landesherren gegenüber das Gefühl von Kraft und Eigenart aufzuprägen, und sie, so weit als irgend möglich, der Beeinflussung derselben zu entziehen. Als Grundlage dafür musste die Uebertragung lübischen Rechtes dienen; darauf gestützt galt es, Streitigkeiten unter einander zu hintertreiben, was eine Ausgleichung der obschwebenden durch städtische Schiedsrichter mit sich brachte; endlich musste man auf Bündnisse zur Befriedung von See und Land und gemeinsamen Erwerb von

---

[1]) Dahlmann, Gesch. v. Dänemark, II. S. 353. Nielsen, Bergen, S. 172.

Privilegien im Auslande sein Augenmerk richten. Freiheit und Vortheil des gemeinen Kaufmannes lautete Lübecks Zauberformel. Zuerst hatten Wismar und Rostock sich dieselbe zu eigen gemacht, schnell waren Wolgast, Stralsund und Greifswald ihrem Beispiele gefolgt.

Zumal seit dem Ende des Interregnums weitete sich Lübecks Einfluss kräftig aus. Es hatte siegreich mit Dänemark gefochten, hatte die Brandenburger Markgrafen zurückgewiesen, das Dassauer Raubschloss gebrochen, den Streit mit Holstein und Schwerin beigelegt; es hatte vom englischen Könige Befreiung von Arrestation und Prisenrecht, von päpstlicher Seite Verordnungen wider das Strandrecht erhalten und hatte seine Verbindung mit den wendischen Städten vollzogen. So recht ein Beweis von dem kecken Geiste, der in der Stadt lebendig war, ist das Auftreten gegen den an anderen Orten so gefürchteten Clerus, mit welchem ein Zerwürfniss eingetreten war. Man störte die Messe, schrie den Geistlichen auf der Strasse Bokore! Bokore! nach, prügelte sie, sperrte sie ein, und Laien verrichteten priesterliche Functionen in der Kirche. Der Rath liess solchen Unfug nicht nur vor seinen Augen geschehen, er wies sogar das Capitel mit der gesammten Pfarrgeistlichkeit aus der Stadt, unbekümmert um Interdict und Bann[1]). — Gegen dieses Vollgefühl einer strotzenden Kraft sticht der Schwächezustand, in welchem sich gleichzeitig die pommerschen und mecklenburger Lande befanden, doppelt ab. Es konnte nicht fehlen, dass sich die Lübische Politik denselben zu Nutze machte, denn von überaus zahlreichen Handelsbegünstigungen der Pommerschen Herren abgesehen[2]), ist es gewiss nicht zufällig, dass gerade damals ein massives Vordringen und Festsetzen des lübischen Rechtes in deren Länder eintrat; so erhielten Wolgast, Stavenhagen und Tribsees dasselbe verliehen, Greifswald es bestätigt, und Treptow ein Dorf nach lübischem Rechte[3]). Alle pommerschen Städte luden als Freihäfen die dorthin handelnden Gäste ein[4]), und als Bogislaw durch Kriegsnoth zu energischen Massregeln gezwungen wurde, wusste er diese zum Vortheile des Grosskaufmanns zu mildern[5]), wie er denn auch zu Lübeck speciell in gutem Verhältnisse stand[6]).

---

[1]) Becker, Gesch. der Stadt Lübeck I. S. 221 f. Pauli, Lübeckische Zustände II. S. 25 f.
[2]) Hans. U. B. I. Nr. 826, 843, 845, 878, 880, 884 u. A.
[3]) Hans. U. B. I. Nr. 898, 901, 971, 823, 869.
[4]) Hans. U. B. I. Nr. 880.
[5]) Hans. U. B. I. Nr. 884.
[6]) Hans. U. B. I. Nr. 852 (851).

Als die Boten von Lübeck, Rostock und Wismar die Zwistigkeiten zwischen Greifswald und Stralsund beilegten, thaten sie es mit geflissentlicher Abschneidung einer landesherrlichen Einwirkung, und endlich, sollte es gar in dem noch näher zu besprechenden Rostocker Landfriedensbunde gelingen, die wendischen Städte, Lübeck an der Spitze, als Partei, mit eigenartigen, gemeinsamen Interessen, den Landesherren an die Seite zu stellen.

Nicht minder beachtenswerth zeigt sich das, was im Auslande erreicht wurde. Es war der jungen Travestadt gelungen, fast überall, wohin sie Handelsbeziehungen hatte, nicht allein weitgehende Privilegien, sondern auch das entschiedene Wohlwollen der Fürsten zu erlangen; — da war es denn ein Schritt von grösster politischer Klugheit und durchschlagender Wirkung, nicht in begünstigter Sonderstellung zu verharren, sondern das von ihr Erreichte auch ihren Verbündeten zuzuwenden, und sich dadurch im Auslande mehr noch, als im Inlande, zur Führerin einer Städtegruppe, ja, sogar zur vornehmsten Vertreterin des deutschen Kaufmannes aufzuschwingen. Aus dem April des Jahres 1278 besitzen wir ein Privilegium, welches König Erich von Dänemark gemeinsam an Lübeck, Wismar, Rostock, Stralsund, Greifswald, Stettin und die übrigen wendischen Städte ertheilte [1]). Obwohl wir wissen, dass vornehmlich Lübeck sich der Gunst des dänischen Königs erfreute, so ist in jener Urkunde doch nicht ausdrücklich gesagt, dass gerade dieses in erster Linie auf Verallgemeinerung der Zollbefreiung gedrungen habe; was hier aber fehlt, wird mehr als ersetzt durch einen wenige Monate jüngeren Erlass des Königs Magnus von Norwegen [2]). Es heisst in demselben, dass Rathmannen vieler Seestädte ihn inständig angegangen seien, und dass er, zumal in Folge der Bitten seiner besonderen Freunde: der Lübecker, die durch zwei Gesandte vertreten, für würdig erachte, dem Kaufmanne deutscher Zunge eine Reihe von Freiheiten zu gestatten und zwar folgenden Inhalts: Kaufleute, die nur kommen und gehen, sich nicht auf ein Jahr, oder ein halbes einmiethen, dürfen nicht zu Nachtwachen und zum Fortziehen von Schiffen gezwungen, Meineidige und Ehrlose nicht gegen sie vorgeführt werden. Auf den Brücken, Strassen und Booten dürfen sie Kurzwaaren, Felle bis zu einem Decher, und Butter bis zu neun Kufen voll, vom 15. Mai bis zum 15. August

---

[1]) Hans. U. B. I. Nr. 812.
[2]) Hans. U. B. I. Nr. 818.

kaufen; ihre Waaren verkaufen mögen sie, nach dreitägigem Lagern unter königlichem Vorkaufrechte, an wen sie wollen, es sei denn, dass in Betreff derselben ein allgemeines Verbot erlassen werde. Das schiffbrüchige Gut dürfen sie bergen und die Bewohner des Districtes, der ein Schiff zum Kriegsdienste zu stellen hat, zur Hülfe heranziehen. Niemand darf sich dasselbe aneignen, bevor es der Eigenthümer aufgegeben hat. Wer hinreichende Bürgschaft stellt, darf nicht in's Gefängniss geworfen werden, es liege denn etwas vor, was an Hals und Hand gehe. Die Lübecker und ihr Besitzthum stehen unter besonderer Empfehlung des Königs.

Klar steht hier vermerkt, wessen Einfluss der massgebende gewesen, und ganz ohne Berücksichtigung von Privatinteressen geht es auch noch nicht ab; — das eigentliche Privilegium ist aber gemeingültig für den deutschen Kaufmann und enthält einige wesentliche Begünstigungen im Handel mit Kurzwaaren und im „Schiffziehen" gegen das Bergische Stadtrecht [1]). Von besonderer Wichtigkeit aber ist das Princip, den Deutschen eine Sonderstellung zn gewähren. Veranlasst wird die Urkunde sein durch die Uebelstände, welche darin als aufgehoben erklärt werden, mehr wohl noch durch Misswachs und Hungersnoth, die in dem Jahre zuvor Norwegen heimgesucht[2]) und wieder einmal die Unentbehrlichkeit deutscher Zufuhr erläutert hatten. Hieraus dürfte sich auch zunächst ergeben, warum Felle und Butter, also für Kleidung und Lebensunterhalt nothwendige Waaren nur in geringen Quantitäten aufgekauft werden dürfen, wie denn andererseits der Winterhandel dem Deutschen nach wie vor untersagt blieb.

Ein Jahr später liess sich Bremen von demselben Könige die unter Lübecks Führung allgemein verbrieften Freiheiten gesondert ertheilen, was schon jetzt auf eine eigenartige Stellung der Weserstadt deutet und als Vorspiel zu seinem demnächst eintretenden Verhalten betrachtet werden mag[3]).

Auch hier war die Handelsbeschränkung geblieben; kein Wunder, dass bei erbreiterten Rechten eine zunehmende Fülle von Uebertretungen vorkam, die während der kurzen Zeit, da Magnus noch regierte, ungerügt hingehen mochte, anders aber aufgefasst werden sollte, als härtere Hände das Scepter ergriffen.

---

[1]) Nielsen, Bergen, S. 177.
[2]) Munch, IV. 1. S. 682.
[3]) Hans. U. B. Nr. 840.

Allgemeine Verhältnisse des norwegischen Reiches fangen an, sich jetzt auf das Engste mit denen der deutschen Kaufleute zu verquicken, und erscheint es deshalb nöthig, auch auf jene kurz das Augenmerk zu richten. Wir finden, dass die ganze Herrscherthätigkeit Magnus Lagabätters darauf abgezielt hat, durch friedliche Ausbildung des Rechtslebens den Schwerpunkt der Verfassung einzig dem Königthume anheimzugeben; dem Bauernthume seine Standesklammern zu nehmen, die weltlichen Grossen in unbedingte Abhängigkeit zu bringen. Diesen Bestrebungen hatte er alles Andere nachgesetzt, er hatte auf die Insel Man und die Hebriden zu Gunsten Schottlands verzichtet, hatte sich durch Dänemark das väterliche Erbe seiner Gemahlin vorenthalten lassen, hatte der Geistlichkeit Zugeständnisse gemacht, die der Krone weite Gebiete der Rechtssphäre entzogen. Mit fast ängstlicher Sorgfalt hatte er das Staatsschiff vor jedem Gefahr drohenden Wogenschlage bewahrt; dafür ward es nach seinem Tode mitten in die Brandung hineingetrieben. Erich, den man den Priesterfeind genannt hat, sein ältester Sohn und Thronfolger, stand damals erst in dem zarten Alter von zwölf Jahren, welches eine Regentschaft durch die Königin Mutter, die dänische Ingeborg, und einen Reichsrath nothwendig machte. Bald überwog der letztere, und mit ihm gelangte der alte trotzige Geist des Adels, den Magnus zurückzudämmen unternommen, zur Führung der Geschäfte. Schnell hintereinander, fast gleichzeitig, ward der hohen Geistlichkeit, dem dänischen Reiche und dem deutschen Kaufmanne der Fehdehandschuh hingeworfen; es galt, den Clerus unter die Krone zu beugen, die vorenthaltenen Ingeborgschen Güter zu erlangen, den deutschen Handel zu beschränken, vielleicht gar zu vernichten; die niedere Geistlichkeit, das Volk, Schottland und England sollten die Stützpunkte dazu bieten.

Was die auswärtigen Beziehungen, zunächst die zu Schottland anbetrifft, so wurden die alten nordischen Ansprüche auf die Insel Man und die Orkaden nicht nur aufgegeben, sondern am 25. Juli 1281 gingen auch schottische und norwegische Bevollmächtigte einen umständlichen Vertrag ein, nach welchem die einzige Tochter König Alexanders mit Erich vermählt werden und auf sie und ihre Kinder die schottische Krone übergehen sollte, wofern deren bisheriger Träger stürbe, ohne echte Kinder zu hinterlassen[1]). Wichtiger noch sollte

---

[1]) Rymer, Foedera II. S. 595. Munch. IV. 2, S. 24 f.

sich die Verbindung des mächtigen England mit Norwegen erweisen. Zu Anfang der Regierung des Königs Magnus hatte zwischen den Unterthanen jener beiden Reiche Uneinigkeit geherrscht, gegenseitige Beraubungen und Beleidigungen waren vorgefallen und hatten einen förmlichen Friedens- und Einigungstractat zwischen Heinrich III. und dem Norweger nothwendig gemacht. Im August des Jahres 1269 abgeschlossen[1]), durfte, kraft desselben, der Eine nicht die Feinde des Anderen aufnehmen, welche sich fliehend zu ihm begeben würden. Das Uebereinkommen blieb von dauernder Wirksamkeit, als auf Heinrich III. sein rühriger Sohn Edward I. gefolgt war. Freundliche Briefe und Gesandtschaften wurden gewechselt und gegenseitig Ehrengeschenke gemacht. Als Magnus sein Ende herannahen fühlte, ordnete er noch drei Tage, bevor er die Augen schloss, den Propst Erland an den Engländer ab und liess ihm zwei weisse, sechs graue Edelfalken und ein Schreiben durch denselben bringen, worin er ihm seine Kinder empfahl[2]). Kaum war Magnus zur Erde geleitet, noch nicht Zeit gewesen, ein neues Königssiegel anzufertigen, als auch schon die Regentschaft im Namen des jungen Erich an Edward die Mittheilung von dem Regierungswechsel und der bevorstehenden Krönung machte, und abermals um das Wohlwollen des Plantagenet nachsuchte[3]). Wie viel man norwegischer Seits auf ein gutes Einvernehmen mit demselben gab, dürfte durch nichts deutlicher gezeigt werden, als durch die Mühe, die man es sich noch in diesem und während des folgenden Jahres kosten liess, um den aus England entwichenen Ritter Guido von Montfort zu ergreifen[4]).

Eng mit den englischen Beziehungen scheint der Kampf zusammenzuhängen, den die Vormünder des jungen Königs von vorn herein gegen die Kirche eröffneten. Wir haben gesehen, wie Norwegen unter dem Krummstabe von Hamburg-Bremen gestanden. Der Wunsch, einen nationalen Metropolitansitz zur Verfügung zu haben, der im Jahre 1104 die Erhebung des dänischen Lund veranlasste, war auch die Ursache, dass ungefähr 50 Jahre später Nidaros zum Erzbisthume

---

[1]) Rymer, Foedera, I. 1, S. 480. Munch, IV. 1, S. 670 f.
[2]) Rymer, Foed., II. S. 579. Munch, IV. 1, S. 672. Pauli, Gesch. von Engl. IV. S. 55.
[3]) Munch, IV. 2, S. 2 missversteht die norwegisch-englische Politik vollkommen, wenn er meint: men dette Brev var kun en Hœflighedskrivelse, af hvilket Slags der vistnok blev udfærdiget flere.
[4]) Munch, IV. 2, S. 86.

für Norwegen und seine Dependenzen gemacht wurde. Bisher hatte dieses Reich, fern von der geistlichen Obergewalt gelegen, sich unbehelligt entwickeln können, die nunmehr erfolgte Neuerung sollte nur zu bald die gänzliche Aenderung zeigen, sollte sich als die Quelle eines Jahrhunderte langen Ringens zwischen Staat und Kirche erweisen. Die blutige Epoche der Thronprätendenten war angebrochen; Erzbischof Eystein wusste seinen Einfluss so geschickt geltend zu machen, dass Norwegen durch den Krönungseid Magnus Erlingssons geradezu ein Lehnsstaat der Kirche wurde [1]). Durch die Partei der Birkenbeine und ihren Führer Sverrir erfolgte der Gegenschlag, die Bischöfe mussten landflüchtig werden; Bann und Interdict hagelten auf das Land hinab. Dann traten etwas ruhigere Zeiten ein, in welchen sich die Kirche wieder vorzuschieben suchte, bis Magnus Lagabätter ihr durch zwei Concordate die Souveränität in allen sie betreffenden Dingen anheimgab. Als mit seinem Tode die Krone auf das Haupt eines Knaben kam, unternahm es Erzbischof Jon, diesen Umstand auszunutzen. Erich musste bei der Krönung eidliche Zugeständnisse machen und gleich darauf dehnte ein Concil die Gerichtsbarkeit der Kirche in's Ungemessene aus [2]). Dies mochte um so lebhafter empfunden werden, als noch keine zwei Jahre verflossen waren, seitdem der verbündete König Edward von England seine gefürchteten Reiserichter ausgesandt hatte, noch kein Jahr, dass er unerbittlich ein Statut erlassen hatte, nach welchem fernerhin kein Grundbesitz an die todte Hand fallen sollte [3]). Jetzt machte auch die norwegische Regierung im Interesse des Staats gegen den Clerus Front, und der Kampf war erklärt. Der Erzbischof schleuderte den Bann gegen die Häupter der Aristokratie, die Regierung verhängte die Acht über ihn; er und die Bischöfe von Oslo, Hamar und Stafanger verliessen das Land. Das Interdict erfolgte, wurde aber von Staatswegen als ungültig erklärt, und nach wie vor sang die niedere Geistlichkeit unbekümmert ihre Messe, während die Curie nicht wagte, sich einzumischen, um des Saladinszehnten und Peterspfennigs nicht noch länger verlustig zu gehen, die auf ein Geldausfuhrverbot von Norwegen ausgeblieben waren. Im Jahre 1282 starb Jon in der Verbannung, was zur Folge hatte, dass der Stuhl von Nidaros Jahre lang unbesetzt blieb, bis

---

[1]) Zorn, Staat und Kirche in Norwegen S. 13 f. 103 ff.
[2]) Zorn, Staat und Kirche S. 241 f.
[3]) Pauli, Gesch. IV, S. 15 f.

ihn 1287 ein neuer Erzbischof bestieg, der sich nicht nur den Gesetzen unterwarf, sondern auch einen unbedingten Treueid leistete. Wie Jon in Norwegen hatte Arni von Skalholt das Banner der Kirche in Island hoch gehalten, doch auch er musste es nach und nach sinken lassen, erdrückt von der Wucht des Staates.

Es liegt auf der Hand, wie diese Zustände, welche gerade in den ersten zwei Regierungsjahren König Erichs ihren Höhepunkt erreicht hatten, das ganze Land durchschüttern und die von dessen Vater kaum beruhigten Leidenschaften wieder aufstacheln mussten. Die unbändige Raub- und Raufsucht brach wieder durch; mit Dänemark bestand alte Feindschaft; schon unter dem friedlichen Gesetzeskönige Magnus hatte es sich wegen der Ingeborgschen Güter zu einem ernstlichen Waffengange angelassen, und reich, hochfahrend und gründlich verhasst war der deutsche Kaufmann. Die Bedingungen und Richtungen zweier auswärtiger Kriege waren gegeben.

Blicken wir nach Dänemark hinüber, so sehen wir ein Bild grenzenloser Zerfahrenheit: ein während seines ganzen Lebens unmündiger König, der sich auf dem Throne festklammerte, eine herrschsüchtige Königin-Mutter, ein unheilbarer Bruch in der königlichen Familie, deren ältere Linie sich mit dem Herzogshute von Südjütland hatte begnügen müssen, nie aber die Krone aus den Augen verlor; dazu überreiche, gottvergessene Bischöfe, ein fast unabhängiger Reichsmarschall, ein aufsässiger Adel, ein Theil des Landes verpfändet an Schweden, Brandenburg und Braunschweig, und Feindschaft mit Norwegen, Schweden und Holstein. Kein Wunder, dass der vielgeängstigte Herrscher Erich Glipping bang nach befreundeten Mächten herumtappte und dass die kraftvollen und dabei friedfertigen deutschen Seestädte in ihm ihren besten Gönner fanden. Noch in den letzten Jahren des Königs Magnus urkundete er für Lübeck, Riga und die wendischen Städte. Als nun gar der kriegerische Adel Norwegens und Ingeborg, die schwer beeinträchtigte Tante aus der älteren dänischen Linie, an das Ruder kamen, da bestätigte er Lübeck seine Freiheiten und Gerechtsame, bestätigte und erweiterte er die von Greifswald und nahm sogar die deutschen, gotischen und alle anderen Kaufleute, welche Estland des Handels wegen besuchten, in Geleit und Schutz[1]). In diesem letzteren liegt, so zu sagen die Einleitung zu dem Bündnisse, das wenige Wochen später die beiden mächtigsten Vertreter des baltischen Ver-

---

[1]) Hans. U. B. I. Nr. 854, 855, 856, 858.

kehrs, Lübeck und Wisby eingingen, wonach sie mit gemeinsamen Kosten und Kräften alle Unbilden und Schäden bessern und rächen wollten, welche auf der ganzen Ostsee bis zum Sunde ihnen oder anderen deutschen Kaufleuten zugefügt würden. Wie dieser Vertrag einerseits ganz in dem weiten Sinne gedacht ist, den wir schon wiederholt zumal in Lübeck fanden, so wurde er andererseits vielleicht nicht zum wenigsten im Hinblicke auf die bedrohlichen Freibeutereien geschlossen, die sich zwischen Norwegern und Dänen zu entwickeln begannen; oder sollten schon damals die deutschen Städte gewusst haben, dass auch ihnen im Norden schlimme Zeiten bevorstünden? — Es ist wahrscheinlich.

Schon eine Urkunde Herzog Hakons, des Bruders König Erichs, aus dem August des Jahres 1281 datirt[1]) und den Städten Lübeck,

---

[1]) Sartorius-Lappenberg Urk. G. d. Hanse, II. Nr. 47b und Hamb. Urk. B. Nr. 801 setzen die Urkunde in das Jahr 1282. Das Lüb. U. B. I. Nr. 494, Lange og Unger, Dipl. Norweg. V. Nr. 15; Hans. U. B. I. Nr. 1008 in das Jahr 1286. Höhlbaum vornehmlich wegen der Worte pax et concordia nunc est inter nos reformata; das Lüb. Urk. B. macht geltend, dass Hakon 1282 erst 12 Jahre alt gewesen. Letzteres enthält keine Beweiskraft, da im Mittelalter Vormünder und Räthe eines unmündigen Königs stets nur in dessen Namen schreiben; der für Norwegen klassische Beweis hiefür (der gar nicht geliefert zu werden brauchte) ist der Brief Inges I. an seinen Bruder, dessen Inhalt beginnt: Allen Menschen ist kund ... unsre Jugend, dass Du fünf Winter alt bist und ich drei, so dass wir ohne unsre Freunde und guten Männer nichts Verständiges ausrichten können. Dahlmann, Gesch. II. S. 144; auch Höhlbaums Citat ist nicht schlagend; da wir ihm zufolge die Ereignisse in das Jahr 1282, 1283 und 1286 einreihen könnten. Unter solchen Umständen dürfte das einzig methodische sein, sich an das Datum zu halten, um so mehr, da falsche Zeitangaben auf norwegischen Urkunden nicht sehr häufig sind. Dass Herzog Hakon das Jahr 1280 als das erste seiner Regierung rechnet, ergiebt sich aus Dipl. Norw. II. Nr. 27. jfra burd vars herra Jesu Christi þushundrað vettra ii hundrað vettra ok IX tigi vetra. trinitatis mæsso œptan a XI are vars hertogadœmes. = 1290 am 27. Mai im 11. Jahre unseres Herzogthumes. Oder Dipl. Norw. I. Nr. 80. tid vars herra Jesu Christi þushundrað vetra tuau hundrað vetra IX. vetra oc II. vetr—a XIII. are vars hertogadœmes. = 1292 (12. Mai) im 13. Jahre unseres Herzogthumes. Vergl. noch Dipl. Norw. I. Nr. 84, 86 u. A. Danach kann unsere obige Urkunde mit der Angabe anno suscepti regiminis ducatus nostri secundo nur in das Jahr 1281 fallen (Vergl. noch oben S. 49 Anm. 3. Ein ferneres Indicium, welches darauf hinweist, dass die Urkunde vor die officielle Eröffnung der Feindseligkeiten zu setzen ist, beruht in der Aufzählung der Städte, da nach derselben in allen Urkunden nur die wendischen Städte, bisweilen auch Riga und Wisby, Kampen, Stavern und Gröningen genannt werden, nie aber Hamburg.

Rostock, Hamburg, Stralsund und den übrigen deutschen Seestädten gewährt, weiss von Zwietracht, die zwischen Norwegern und Deutschen ausgebrochen, grösser als wünschenswerth, an der er, der Herzog, aber unbetheiligt sei. Jetzt, heisst es weiter, da wieder Friede und Einigkeit herrsche, wolle er mit den Deutschen fest und unverbrüchlich in gutem Einvernehmen bleiben, wo auch immer sie in seinem Herzogthume landen, durchreisen oder verweilen würden. Zum Zeichen seiner Gunst habe er dem Befehlshaber von Oslo befohlen, die Deutschen, welche dorthin kämen, ehrenvoll aufzunehmen und gut zu behandeln, gemäss der Freiheiten, die ihnen von seinen Vorfahren gegeben und laut derer sie gegen jede Widerwärtigkeit zu schützen seien. Schliesslich bittet er, mit den Leuten seines Reiches, die in deutsche Häfen kämen, gleich freundlich zu verfahren.

Dieses Diplom wird seinen Ursprung einem jener heftigen Zusammenstösse verdanken, wie sie im Laufe der Jahrhunderte wiederholt den ruhigen Lauf der Dinge und die kleinen gegenseitigen Reibereien durchrissen. Die allseitig erregten Leidenschaften der Normannen, der Zustrom der verbündeten Schotten und Engländer, veranlasst durch die Hochzeitsfeierlichkeiten des Königs in Bergen, leisteten dem Ausserordentlichen Vorschub. Doch noch war man zu sehr mit anderen Dingen beschäftigt, als dass es nicht gelungen wäre, für diesmal noch das Zerwürfniss mit den Deutschen beizulegen; zumal, da die Rathgeber Hakons, der auch später, als er die Krone erlangt hatte, von der Weise seines Bruders abwich, friedlicherer Natur gewesen sein dürften, als diejenigen, welche dem Könige zur Seite standen.

Doch die Sache sollte nicht abgethan sein. Bei dem Eindrucke, den der siegreich fortschreitende Kampf gegen die Geistlichkeit in den regierenden Kreisen machte, bei den nahen Beziehungen zu England, dessen Kaufleute durch die Concurrenz der Deutschen in Norwegen schwer beeinträchtigt wurden und daheim in London jahrelang mit denselben gehadert hatten [1]), lag nichts näher, als sich der immer lästiger werdenden deutschen Gäste zu entledigen. Es hielt nicht schwer, den jungen König zu überreden, dass man derselben, die

---

[1]) Zumal wegen der Unterhaltung des Bischofthores. Zu Anfang des nächsten Jahrhunderts kam die Rivalität zwischen den Engländern und Deutschen in Norwegen zum Ausbruche. Vergl. Lappenberg, Stahlhof. S. 17, 38. Urk. Nr. 30 f. Hans. U. B. I. Nr. 910, 911.

überdies zu dem feindlichen Dänemark schon wegen ihrer Vitten bei Skanör in gutem Vernehmen standen, norwegischerseits entrathen könne. Auf einer Versammlung zu Bergen, abgehalten am 16. September 1282, zu einer Zeit also, wo der officielle Verkehr mit dem Auslande bereits geschlossen, wurde unter Anderem der Beschluss gefasst, dass die fremden Wintersitzer, welche weder Mehl, Malz noch Getreide eingeführt hätten, vom 8. September bis 3. Mai keine Butter, Häute, Fische und kein Vieh auf dem Lande aufkaufen dürften. Zugleich wurde den Schustern verboten, andere Waaren zu erhandeln, als sie zu ihrem Gewerbe nöthig hätten [1]). Der ganze Erlass, einmüthig von dem Könige, der Königin Mutter, dem Herzoge und den Gliedern des königlichen Rathes gefasst, war durchaus in der hergebrachten Rechtssphäre gehalten und nur gegen das gerichtet, was als Missbräuche bezeichnet werden musste, doch diese Missbräuche waren nahe daran in die Gewohnheit über zu gehen und berührten Interessen verschiedenster Art. Schwerlich haben sich die deutschen Wintersitzer und Handwerker ganz ruhig verhalten, mehr aber noch als sie scheinen nunmehr die Norweger in Bewegung gekommen zu sein; durch das Vorgehen der Regierung mochte gar mancher Regierte sich gemüssigt fühlen jetzt seinerseits die Zügel schiessen zu lassen. Beamte und Volk thaten den Deutschen Uebermuth an und Gewalt [2]).

Noch drohte Eisgang und Wintersturm, als der Bote der Englandsfahrer die Schreckenskunde nach Stralsund brachte; schon früher

---

[1]) Keyser og Munch. Norges gamle Love. III, S. 12. No. 2 ff. vergl. Munch, IV, 2, S. 85, 248, 249. Nielsen, S. 178. Munch im chronologischen Register S. 673 irrt, wenn er das Bymod unter 1283 einreiht.

[2]) Vergl. Reimar Kock in Grautoffs Lüb. Chroniken I, S. 463 unter 1282, wozu ein Schreiben Wismars, welches in das letzte Drittel des Jahres 1285 gehört (Hans. Rec. I, No. 44) herangezogen werden mag, in welchem es heisst: Normanni ante revolutionem iam fere duorum annorum nostros concives et quosdam alios mercatores... irrationabiliter dampnificaverunt (vgl. Meckl. U. B. III, No. 1735), da wir unter revolutio doch wohl die Handelssperre verstehen müssen, welche 1284 eintrat, so ist damit gesagt, dass die Schädigungen ungefähr in dem Winter 1282/83 begannen. In einem Briefe Lübecks an König Edward (Lüb. U. B. II, No. 1010) wird gesagt, dass die Norweger ein Jahr hindurch (per annum) den fremden Kaufleuten ihr Gut genommen hätten bis König Erich durch die Klagen Lübecks veranlasst, Genugthuung versprochen habe; letzteres fällt in den Anfang des Frühlings 1284 (vgl. oben S. 49) lässt sich also mit obigem recht gut vereinigen.

hatte Lübeck Berichte erhalten und daraufhin Briefe ebenfalls an Stralsund gesendet. Die Rathmannen dieser Stadt erklärten sich zum zweiten Februar zu einer Besprechung in Lübeck bereit[1]). Ob dieselbe erfolgt ist, lässt sich nicht feststellen, soviel jedoch wurde überliefert, dass die Kaufherren vermittelst Schreiben und Sendboten, durch welche sie beim Könige Beschwerde führten, thätig gewesen.

Es ist nicht allein möglich, sondern sogar wahrscheinlich, dass das Auftreten der Norweger gegen die Deutschen eng mit den Bewegungen im Zusammenhange stand, die damals in dem den Seestädten eben so eng befreundeten als den nördlichen Nachbarn abgeneigten Dänemark ausgebrochen waren. Dort war nämlich der König in eine heftige Fehde mit dem aufständischen Adel und dem Herzoge von Süd-Jütland verwickelt, die bis in das Jahr 1283 hinein wüthete und eine langwierige Belagerung des Gottorper Schlosses, wahrscheinlich auch eine nahe Verbindung der Feinde der Regierung mit Norwegen zur Folge hatte. Der mächtige Jacob von Nordhalland, der Herzog Waldemar und Ingeborg, die Königin-Wittwe, fühlten sich durch den dänischen Erich in gleicher Weise beeinträchtigt, indem derselbe ihnen allen beanspruchte Rechte und Besitzthümer vorenthielt. Zwar dürfen wir einer Zusammenkunft zwischen dem dänischen und norwegischen Herrscher, von der Petrus Olai weiss, keinen Glauben beimessen[2]), doch ist soviel gewiss, dass der erstere dem Andrängen seiner Grossen nicht Stand halten konnte, dass er Jacob mit Nordhalland, den unmündigen Herzog mit Süd-Jütland belehnte. Gerade damals sah sich der König gedrungen, eine Constitution über Luxus, Völlerei, namentlich durch deutsches Bier veranlasst, Schenken und Mörder herauszugeben[3]), was die Verwilderung der Gemüther bekunden mag, wie denn auch Nicolaus von Wittenberg, der in Kopenhagen erschlagen wurde, sicherlich nicht der einzige Deutsche war,

---

[1]) Gegen Koppmann, Hans. Rec. I. No. 28, dem Höhlbaum im Hans. U. B. I. No. 935 folgt, setze ich diesen Brief in den Anfang des Jahres 1283, mich dabei auf das in der vorigen Anmerkung Gesagte stützend. Die Nachricht von den Vorgängen in Norwegen tritt in dem Briefe als etwas ganz Neues auf und hätten wir entschieden eine andere Wendung erwartet, wenn es sich um Dinge handelte, die schon ein Jahr lang spielten.

[2]) Mit Recht nimmt Munch unter den Berichtigungen IV, 2, die Seite 87—91 gemachten Ausführungen zurück.

[3]) Regesta Danic. No. 1312.

welcher auf dänischer Erde sein Leben lassen musste [1]). Unter solchen Umständen konnte König Erich zwar nach Kräften dahin streben, sich persönlich rein zu halten, seinen guten Willen gegen die Seestädte durch das Verbot zu zeigen, dass niemand wagen solle, Schiffbrüchige an der Bergung ihres Gutes zu verhindern [2]), und sich die wendischen Kaufherrn und die Grafen von Holstein, zumal ihre Stadt Hamburg, so vielfach, wie möglich, zu verpflichten [3]); bei einem Kampfe mit Norwegen aber konnte er nur ein natürlicher Bundesgenosse sein, der der Hülfe mehr bedurfte, als er leistungsfähig in derselben war.

Die Männer, welche in den deutschen Rathsstuben, vornehmlich in der Lübischen sassen, waren viel zu klug, um derartiges zu übersehen. Unter dem Drucke der Ereignisse in Dänemark und wohl in der richtigen Erwägung, dass die Vorgänge in Norwegen vom Jahre 1281 nur als ein Vorspiel grösserer Verwickelungen zu betrachten seien, dehnten Lübeck und Wisby schon am 8. September 1282 das Befriedungsbündniss der Ostsee auch auf Riga aus, und liess sich das erstere ferner angelegen sein, seiner gesammten Politik aus den heimischen Verhältnissen heraus eine neue Wendung zu geben.

Seit Jahren lag nämlich Herzog Bogislav IV. von Pommern mit den Markgrafen von Brandenburg in heftiger Fehde, so weit sich erkennen lässt, von seiner Ritterschaft nur schwach oder vorübergehend, unterstützt; der grössere Theil derselben, der Bischof von Kammin und mehrere Städte waren unzuverlässig, oder standen sogar auf der Seite des Gegners [4]). Die streitbaren Brandenburger drohten entschieden die Oberhand zu gewinnen, und bald waren Rügen und die Lande längs der See bis zur Elbe in den Kampf hineingezogen. Hier hausten der Dynasten viele, theilweise tief verschuldet; das Haus Mecklenburg zerrissen Familienstreitigkeiten, der Graf von Schwerin haderte mit dem Bischofe, die slavischen Herrn, Vasallen und Städte mit Sachsen, überall zeigte sich ein Bild gänzlicher Zer-

---

[1]) Mekl. U. B. III, No. 1671.
[2]) Reg. Dan. No. 1300.
[3]) Hans. Urk. B. I. No. 903, 909, 921, 922, 925,
[4]) Barthold. Gesch. von Rügen und Pommern III. S. 4, 6, 16, dazu Mecklenb. U. B. III. No. 1697, wo Bogislav sagt: de nostrorum consilio fidelium vasallorum.

fahrenheit, traf man auf Verarmung und Unbehagen. Selbstverständlich wurden die Seeplätze dadurch auf das Innigste in Mitleidenschaft gezogen. Stettin, den Hauptort des Pommernherzogs, hätten die Markgrafen gern in ihre Gewalt gebracht, Rostock und Wismar waren eng mit den Schicksalen ihrer Fürsten verflochten, und Lübeck, die einzige unabhängige Stadt, war durch die Lüsternheit der Brandenburger nach ihrer Vogtei in Gegnerschaft zu denselben gerathen. Langwierige Verhandlungen wurden gepflogen, die Lübecker liessen es sich viel Geld kosten, sie und die Markgrafen wandten sich wechselweise an den Kaiser, dessen Versuche, die Eintracht wieder herzustellen, erfolglos blieben [1]).

So mussten denn andere Mittel helfen, und keines konnte besseren Erfolg verheissen, als die damals vielfach versuchten, vom Kaiser eingeleiteten und begünstigten Landfriedensbündnisse. Vorsichtig, wie Lübeck immer war, setzte es sich erst mit seinem Vogte, dem Herzoge von Sachsen auseinander, der sich, wie schon bemerkt, mit den slavischen Herrn überworfen hatte. Zwar wagte die Reichsstadt wegen ihrer Stellung zum Herzoge nicht, den gemeinen Frieden herzustellen, dafür aber erwirkte sie sich die Erlaubniss, mit den Herzögen von Slavien, deren Vasallen und Städten, den Feinden ihres Vogtes, zur Verhinderung von Gewalt und Unrecht ein Friedensbündniss einzugehen [2]), worin ja schon mehr liegt als die blossen Worte besagen. Nachdem dann noch der Entwurf eines solchen unter vielem Hin- und Herberathen ausgearbeitet war, begaben sich die lübischen Sendeboten damit zur Verhandlung nach Rostock.

Dort war es, wo am 13. Juni 1283 auf Grundlage jenes Entwurfes ein definitiver und denkwürdiger Vertrag zu Stande kam [3]), demzufolge der bisher gegnerische Herzog von Sachsen und die ihm verwandten Fürsten der wendischen Ostseegebiete mit den Städten Lübeck, Wismar, Rostock, Stralsund, Greifswald, Stettin, Demmin und Anclam zu einer zehnjährigen, für Land und Meer gültigen, Friedenseinung zusammentraten, zu deren Oberrichter und Haupt der einzige Reichsfürst der Gegend, eben jener Herzog von Sachsen bestellt wurde. Allein von den Vasallen und Städten sollte es abhängen, ob der Bund nach zehnjähriger Dauer zu erneuern sei, und auch sie sind

---

[1]) Lüb. U. B. I. No. 408, 427, 431, 442, 443.
[2]) Hans. U. B. I, No. 914.
[3]) Hans. U. B. I. No. 916, 917.

es, welche Rectoren, Richter und Geschworene wählen, die viermal des Jahres zusammentreten. Geschieht einem der Bundesglieder Unrecht oder Gewalt, so wollen alle dahin streben, das Geschehene rückgängig zu machen. Ist dies auf friedlichem Wege unmöglich, und sind die Herrn und Vasallen die Verletzten, so sollen die Städte mit 200 schwerbewaffneten Reitern den Herrn auf eigene Kosten dienen; sind es aber die Städte, so sollen die Fürsten, als die zu Lande streitfertigeren, 400 solcher Reiter stellen. Für den Fall, dass ein Krieg zu Wasser unternommen wird, der im Wesentlichen nur die Städte angehen konnte, haben für 100 Reiter 200 Bewaffnete einzutreten. Ferner wurde die den Fürsten, welche immer an schwacher Casse litten, gewiss lästigere Bestimmung, als den reicheren Corporationen der Stadtgemeinden, aufgenommen, dass Niemand sich von einem ergriffenen Räuber bestechen lassen und keiner ihn begünstigen dürfe, bei Strafe als Feind angesehen zu werden; wie denn auch demjenigen die gleiche Strafe in Aussicht gestellt wurde, der hartnäckig den übernommenen Verpflichtungen nicht nachkäme. Ein Dynast, der sich dieses zu Schulden kommen lässt, soll sogar durch seine eigenen Vasallen und Städte bekriegt werden und die dadurch verursachten Kosten tragen. Die Fürsten gewähren volle Zustimmung, dass ihre Städte, grosse sowohl, als kleine, den übrigen Städten nach Kräften beistehen. Alle Vorrechte und Freiheiten, welche die Lübecker in Pommern hatten, wurden den Lübeckern erneut und, dem Principe der Gleichberechtigung gemäss, auf die Gesammtheit der conföderirten Städte ausgedehnt, wie die Fürsten und Herrn nicht minder zugaben, durchaus keinen Vertrag mit den Markgrafen und den übrigen Feinden schliessen zu wollen, ausser mit Wunsch und Beistimmung der gemeinen Städte; — eine Bestimmung, die so gefasst ist, als ob die Städte den Fürsten nicht recht trauten, diese sich aber verpflichten, die Städte nicht einseitig im Stiche zu lassen.

Die Fürsten müssen in grosser Noth gewesen sein, als sie auf diese Satzungen hin abschlossen; nicht allein, dass sie den Städten, selbst den abhängigen, volle Gleichstellung mit Lübeck einräumten, sie liessen auch sämmtliche Forderungen derselben zu [1]), bewilligten ihrer Vereinigung eine Sonderstellung im Bunde und entbanden sogar für den Fall fürstlicher Bundbrüchigkeit die Unterthanen des schuldigen Gehorsams. Auch jene Richtung auf Verallgemeinerung Lübischer Pri-

---

[1]) Vergl. d. Entwurf.

vilegien, die wir schon mehrfach zu beobachten Gelegenheit hatten, finden wir wieder; wie wir zugleich ein nicht untergeordnetes Geschick der Städte anerkennen müssen, die localen Verhältnisse der Heimath für entlegene Zwecke ausgiebig zu machen, denn wer dächte nicht bei diesem Rostocker Friedensbunde für Land und See an jenes vorausgegangene Seefriedensbündniss zwischen Lübeck, Wisby und Riga? So wie letzteres ausschliesslich zum Vortheile des Kaufmanns eingegangen worden, so musste auch der Rostocker Bund, dem ganz fremde Elemente einverleibt waren, in ähnlicher Weise wirken; Lübeck war das Bindeglied der zwei Vereinigungen[1]).

Die Städte waren weit entfernt, in der Zurückdämmung brandenburgischer Begehrlichkeit eine Nebensache zu erblicken, sie war ihnen jedoch nicht in dem Maasse Hauptsache, wie den Fürsten, was sich schon auf der nächsten Bundesversammlung, die zu Boizenburg abgehalten wurde, zeigen sollte. Dort trat die brandenburger Fehde in den Vordergrund und wurde nur auf die Verhältnisse des Festlandes Rücksicht genommen. Otto von Lüneburg schloss sich daselbst der Partei der Friedensbündler an, zu der bald auch der Herzog von Braunschweig, der von Jütland, der Bischof von Schwerin, die Stadt Kammin und Andere halten sollten[2]). So weit sich erkennen lässt, scheinen die Fürsten ausschliesslich das Wort in

---

[1]) Nitzsch in den Preuss. Jahrb. XXXV. S. 116 meint in Betreff des Rostocker Landfriedens, dass von geheimer Absicht Lübecks kaum noch die Rede sein könne, sie liege klar und offen zu Tage, es war keine andere als mit Einem Schlag das norddeutsche Fürstenthum matt zu setzen und die Bewegung, in der es sich bis dahin entwickelt hatte, in eine ganz andere, ja in die entgegengesetzte Richtung abzulenken. Wir vermögen dem nicht ganz beizutreten. Abgesehen davon, dass man die Frage stellen darf, weshalb denn die Fürsten auf diese klare und offene Absicht Lübecks, welche für sie doch nahezu Vernichtung in sich schloss, selbst bei hoher Noth, eingingen, scheint uns Lübeck viel zu sehr nüchterne Handelsstadt zu sein, um sich auf solche für ideale, hohe und gefährliche Politik sehr ausgiebige, für den Handel und realen Gewinn aber fast unfruchtbare Combinationen einzulassen. Demnach stimmen wir auch den Folgerungen, namentlich der zweiten nicht bei, welche N. aus dem Zustandekommen des Vertrags zieht. Er schliesst, dass Lübeck den Fürsten die einzige, aber auch vollkommen zuverlässige Hilfe bieten konnte. Für uns liegt die Grösse Lübecks ungefähr im Gegentheile, nicht in seinem Auftreten als freie Reichsstadt, sondern in seinem Aufgehen in den Städtebund.

[2]) Mecklb. U. B. III, No. 1688, 1749.

Boizenburg geführt zu haben, was auch kaum befremden kann, da die Geltung der Städte in dem Maasse sinken musste, als sie ihren Verpflichtungen zum Kriege nicht durch Aussendung eigener Truppencontingente, sondern durch Abkauf für klingende Münze zu genügen suchten. Veranlasst waren sie vielleicht dazu durch den Wunsch, ihr gutes Verhältniss zu den Fürsten nicht bei all zu naher Berührung in Frage zu stellen, ihre Kräfte dort gesammelt zu halten, wo es das eigentlich städtische Interesse erforderte. Auch erwuchs derartigen Bestrebungen durch den Bund Vorschub, welchen die Städte im Bunde bildeten.

Diesem entsprechend finden wir, dass Lübeck an Stettin ein Versprechen zur Hülfeleistung gegeben hat. Letzteres wandte sich vertrauensvoll an die Schwester und bat um Beistand zur See gegen die Markgrafen von Brandenburg; wenn derselbe nicht ausbleibe, hoffe es dasjenige zu vollenden, was der gemeinen Freiheit und allen Kaufleuten zu Nutz und Ehren gereichen werde[1]). Wirklich hat Stettin denn auch in harter Bedrängniss ausgehalten und im abschliessenden Frieden von Vierraden seine Freiheiten noch gesondert zugesichert bekommen, ein Beweiss, dass Lübeck nicht umsonst gebeten worden, welches sich daneben auch zum Herzoge von Pommern im besten Verhältnisse und für „seine treue Hülfe" schadlos zu halten verstand.

Sehen wir Lübecks Bedeutung in so mannigfacher Weise im Zunehmen begriffen, so scheint auch noch auf einen anderen Umstand hingewiesen werden zu müssen, der das Ansehen der Stadt emporhob. Während des letzten Kriegsjahres finden sich nämlich eine Reihe der wendischen Fürsten als Schuldner derselben, theilweise durch sehr bedeutende Summen verpflichtet[2]). Der Krieg wird sie genöthigt haben bei der Verbündeten Anleihen zu machen, oder wohl richtiger, nicht bei der Stadt, sondern beim Rathe, wenigstens wird in mehreren Urkunden nur dieser als Gläubiger genannt. Der Rath möchte demnach als eine Art von Finanzcorporation gewirkt haben und für die Dynasten der Umgegend nahezu das geworden sein, was die Lom-

---

[1]) Hans. U. B. I, No. 851, 852. Scheint entschieden in die Zeit nach dem Rostocker Landfrieden gesetzt werden zu müssen. — No. 930, 939.

[2]) Wir dürfen hier schwerlich schliessen, dass die Städte, die den Landfriedensbündlern statt ihres Contingentes gezahlten Geldsummen zurückgefordert hätten; allein Wizlaw verspricht den Lübecker Rathmannen 1120 Mark zu zahlen, wo doch nur an Vorschüsse gedacht werden kann.

barden denjenigen anderer Länder waren. In Eintracht mit der Bürgerschaft repräsentirte er die Gemeine nach Aussen und trat den Landesherren mit der ganzen Wucht der Stadt entgegen, was zur Folge hatte, dass die Zahlungsunfähigen sich zum Einlager nach Lübeck verpflichten mussten[1]).

Indem sich so auf Seiten der Verbündeten die mannigfachsten Interessen kreuzten und berührten, waren auch ihre Gegner, die Brandenburger, nicht müssig. Nicht nur, dass sie ihre siegreichen Waffen vorwärts trugen, sie wussten gleichfalls durch ihre Diplomatie Przemyslav, den Herzog von Kalisch, und den verschwägerten, wahrscheinlich Wizlav von Rügen übel gesinnten, König der Dänen zu gewinnen. Ja, was für uns vor Allem beachtenswerth sein dürfte, Hamburg, die alte Verbündete Lübecks, setzte sich mit ihnen in gutes Einvernehmen. Schon vor der Landfriedenseinung stellte Herzog Otto von Braunschweig zwei Hamburger Bürgern eine Urkunde aus, die ganz den Eindruck macht, als ob sie dem Fürsten nicht recht trauten und sich durch die schwüle Luft, welche den politischen Horizont umdunkelte, ein wenig beklommen fühlten. Sie haben $10^{1}/_{2}$ Wispel Salz auf der Lüneburger Saline gekauft und erhalten die Versicherung, dass sie dieselben unbehindert abholen und ausführen dürften, wenn auch ein Krieg oder Zerwürfniss zwischen dem Herzoge und der Stadt Hamburg ausbrechen sollte. Ein Werner von Schwerin findet sich in der Umgebung des Braunschweigers[2]). Kaum waren drei Wochen verstrichen, seitdem der Herzog zu den Verbündeten hinübergetreten war, als der Markgraf Otto von Brandenburg die in sein Land, wegen Salz, reisenden Hamburger in Schutz nahm[3]). Ob denselben Salzvorräthe genommen, oder ob sie in Folge der Kriege ihre derartigen Bedürfnisse wesentlich aus Salzwedel zu

---

[1]) Bisweilen findet sich consules statt civitas u. dergl. Viele Sachen, die nur der Executivbehörde des Rathes zustehen, sind auch nur an ihn gerichtet, oft auch an Rath und Bürgerschaft. Anders dürfte es mit Obigem der Fall sein, da es doch ein grosser Unterschied ist, ob Jemand dem Rathe einer Stadt, oder dieser selbst, d. h. der Stadtcasse Geld schuldet. Nur die consules werden genannt. Lüb. U. B. I, No. 454. II, No. 57; — dahin gehört auch I, No. 453; vergl. I, No. 330, 331. — III, No. 25 verbürgt sich Rostock für sich und seine Herrin für die geringe Summe von 150 Mark der Stadt Lübeck. — In I, No. 447 ist natürlich nur von einer civitas lubicensis die Rede.

[2]) Branschw. Lüneb. U. B. I, No. 97.

[3]) Hans. U. B. I, No. 924. „Pro sale vobis accepto" kann übersetzt werden: für das euch genommene und für das euch erwünschte Salz.

befriedigen suchten, mag dahin gestellt bleiben, jedenfalls liessen sie sich angelegen sein, den gewiss vielfach gefährdeten Kaufleuten des Markgrafen, welche zu ihnen kamen, Geleit und Schutz wie den eigenen Bürgern zu gewähren [1]). Wohl nichts kann deutlicher erhärten, wie locker und von jeder politischen Neubildung abhängig damals noch die Städteeinungen waren; jene Erlasse klingen fast wie die Antwort auf das Verbot der Bündler, den Gegner weder durch Lebensmittel, noch sonst etwas zu unterstützen, welches einem fast völligen Abbruche der Handelsbeziehungen gleich kam.

Fast zu derselben Zeit, da Hamburg von den Markgrafen seinen Schutzbrief erhielt, hatten die wendischen Städte sich nach einer anderen entschieden gefahrdrohenden Seite hin gedeckt, indem sie sich vom Könige Erich Glipping volle Sicherheit und Freiheit des Verkehrs und Handels nach seinem Reiche für das laufende Jahr erwirkten; für Lübeck, Wismar, Rostock, Demmin, Stralsund, Greifswald, Stettin und Anclam war die Urkunde ausgestellt [2]). Als darauf zwischen den Verbündeten und den dem Dänenkönige verschwägerten Brandenburgern der Kampf in hellen Flammen emporloderte, als die Grafen von Schwerin sich an den mit dem Könige rivalisirenden dänischen Reichsrath, zu Gunsten des Grafen von Halland, wandten, Wizlav von Rügen persönlich nach Dänemark ging und Herzog Waldemar von Jütland auf die Seite der Landfriedensbündler trat, schloss Lübeck zum Schutze des allgemeinen Friedens und zur Vertheidigung des Staates abermals mit jenem Könige eine Einung auf drei Jahre, zu der die Grossen des Reichs ihre Zustimmung ertheilten [3]). Erichs Haltung ist gar bezeichnend. Verwandtschaft und Verpfändung wiesen ihn auf die Seite der Markgrafen [4]), die Interessen seines Landes gebieterisch auf die der Seestädte, und wieder war es Lübeck, welches das Bindeglied zwischen ihm und den Landfriedensbündlern machte. Besondere Vergünstigungen des jütischen Herzogs nach dieser Seite hin liegen nicht vor, doch gewährte er den Bremern sicheres Geleit für ihren Handelsverkehr [5]).

---

[1]) Hans. U. B. I, No. 928.
[2]) Hans. U. B. I, N. 925.
[3]) Meckl. U. B. III, No. 1696, Regest. Dan. No. 1322, Hans. U. B. I, No. 929.
[4]) Die Grafen von Schwerin waren auch mit Erich, doch zugleich mit seinem Gegner Jacob von Halland verwandt. Vergl. Meckl. U. B. III, No. 1619, 1642, 1696.
[5]) Hans. U. B. I, No. 945.

Geradezu erstaunlich ist übrigens die Fülle der Thätigkeit, welche Lübeck damals entwickelte. Durch seine Streitigkeiten um die Vogtei war die Stadt mit König Rudolf in nähere Berührung gekommen, welche sie in ein freundschaftliches Verhältniss hinüberzulenken verstand. Am 8. März 1284 schrieb derselbe an seine treuen und geliebten Lübecker, dass er den nach Nürnberg ausgeschriebenen Hoftag widerrufen und an dessen Statt die Zusammenziehung eines Reichsheeres, zur Handhabung des allgemeinen Landfriedens, auf den 24. Juni verfügt habe; er ermahnt sie, sich zur Beobachtung desselben bereit zu halten, denn er werde denen, die ihn lieben, mit Hülfe und Gnade gegen die Landfriedensbrecher beistehen [1]). Wie die Dinge lagen konnte den Lübeckern kaum etwas Erwünschteres kommen; sie zauderten darum auch nicht lange, einen Boten an König Rudolf abzuordnen, der ihm vorstellte, dass die Ruhe der Stadt und der umliegenden Lande durch die Markgrafen gestört sei; auch davon wird er Mittheilung gemacht haben, dass der Herzog von Sachsen-Wittenberg durch das Geld der Brandenburger verleitet, gegen sie und ihre Verbündeten die Waffen ergreife, dass auf diese Weise die kaiserlichen Landfriedensbestrebungen vereitelt, gegen sein Wort und seine Ehre verstossen werde, dass nur zu helfen sei, wenn er energisch auf Ausgleich dringe. Nunmehr fasste König Rudolf den Entschluss, eine solenne Botschaft an die Herrn von Slavien und die Markgrafen zu senden, während er den Herzog von Sachsen ernstlich ermahnte, den Ascaniern nicht im Kriege beizustehen, sondern vielmehr Frieden zu vermitteln. Der Lübecker Bote muss seine Sache trefflich vollführt haben, weil der Kaiser es angemessen erachtete ihn zu beloben und der Vaterstadt warm zu empfehlen [2]); — er kam aus guter Schule.

Die Gesandten des Kaisers werden abgegangen sein, und wenn den auf ihre Selbständigkeit eifersüchtigen Fürsten auch nicht viel an den guten Worten derselben gelegen gewesen ist, so durften ihre Drohungen doch schwerlich ganz überhört werden, um so weniger, als sie von dem Jammer des Landes und der Ermattung der Kräfte auf das nachdrücklichste unterstützt wurden. So kam denn am 13. August 1284 zwischen den Verbündeten und den Brandenburgern der Vergleich von Vierraden zu Stande, dessen Bestimmungen in dem

---

[1]) Lüb. U. B. I, No. 456.
[2]) Lüb. U. B. I, No. 462, 463.

Maasse zu Gunsten der letzteren als zum Nachtheile Pommerns lauteten. Die Städte erhielten durch dieselben ihre sämmtlichen verbrieften Freiheiten bestätigt, waren also die einzigen auf Seiten der Unterliegenden, welche wirklichen Nutzen aus der Einung zogen[1]). Kaum war der Friede geschlossen, als auch König Erich die deutschen Kaufleute wieder in seinen Schutz nahm, der ihnen, mit Ausnahme von Lübeck, seit dem Ablaufe des vorigen Jahres gefehlt hatte[2]). Es leuchtet ein, wie sie nicht glücklicher auf diesen Gebieten hätten operiren können; dafür sollten sich die Verhältnisse aber auf einer anderen Seite von Jahr zu Jahr bedrohlicher gestalten: in Norwegen nämlich, wohin wir nunmehr zurückkehren.

Die Bedrückung und Beeinträchtigung des deutschen Kaufmannes durch die Normannen war in stätigem Zunehmen geblieben; schon liessen sie es nicht mehr damit bewenden, ihn in der Taxation der Waaren ganz unvernünftig zu schädigen, sie nahmen den gerade Anwesenden sogar gegen Recht und Gerechtigkeit ihre Güter[3]).

Wie zu erwarten war, ertrugen das die Städte nicht schweigend. Lübeck, Hamburg, Stralsund, Rostock, Greifswald und die andern Städte im Osten und an der See, welche mit Norwegen Handel zu treiben pflegten, traten mit Ausschluss Bremens in Unterhandlung, wegen eines Verbotes der Schifffahrt nach jenem Lande, konnten sich aber bei der Wichtigkeit der Sache, die brandenburgische Fehde im Rücken, nicht gleich darüber einigen. Der Lübecker Rath schrieb deswegen an den von Bremen, worauf er zur Antwort erhielt, er möge ihm doch zeitig vor Ostern mittheilen, wenn die obigen Orte in Betreff der Norwegenfahrt einen endgültigen Beschluss fassten, damit auch er sich noch berathen und sein Verhalten zur Anzeige bringen könne[4]).

Mit diesen Dingen ist eine Gesandtschaft Erich Priesterfeinds an

---

[1]) Meckl. U. B. III, No. 1749; fehlt im Hans. U. B. I.

[2]) Hans. U. B. I, No. 948.

[3]) Hans. Rec. I, No. 28, 44. Hans. U. B. I, No. 977. In bonorum taxatione (taxatione) irrationabiliter dampnificaverunt, kann wie oben übersetzt werden, aber auch mit „Beschlaglegung der Güter", so hat Munch IV, 2, S. 94. alt det Gods 1284 blev, „taksat" eller besaglagt. S. 123 Anm. 1 meint er, taxatus sei das nordische taksettr latinisirt, wobei doch zu bemerken ist, dass es hier in einer deutschen Urkunde vorkommt.

[4]) Hans. Urk. B. I, No. 931.

König Rudolf in Zusammenhang zu setzen, die in der Herbstzeit des Jahres 1283 erfolgte, aber erst im nächsten Sommer zurückkehrte[1]), woraus sich ergeben dürfte, dass sie lange gerade am Hofe des Habsburgers verweilt hat, ohne dass wir jedoch wüssten, was dort verhandelt worden. Jedenfalls ist sie ziemlich erfolglos geblieben, da Rudolf eben damals zu Lübeck in den besten Beziehungen stand und der König von Norwegen sich durch die dringenden Klagen der Geschädigten, zumals wieder Lübecks, veranlasst fühlte, nach England und anderswohin feierliche Botschaften und Briefe abgehen zu lassen und zu geloben, er wolle auf alle Weise erstreben, dass die enormen Verluste in Güte festgestellt und gesühnt würden; was denn auch thatsächlich mit etwas mehr als der Hälfte geschehen ist[2]). Auch an die Städte Lübeck, Hamburg, Wismar, Rostock, Bremen, Stralsund, Greifswald, Stettin, Demmin, Anclam, Wisby, Elbing, Rügen und Reval schickte er am 13. März 1284 Gesandte mit einem Schreiben[3]), worin er

---

[1]) Arna Bisc. Saga, cap. 48, vergl. Munch, IV. 2. S. 91.

[2]) Hans. U. B. I, No. 974.

[3]) Diese Urkunde ist in der Datirung die meist umstrittene von allen in der ganzen Periode. Es handelt sich darum, ob sie in das Jahr 1284 oder 1285 zu setzen sei. Die vornehmlichste Literatur darüber giebt Höhlbaum im Hans. U. B. I, No. 970. Um die völlige Unsicherheit, die in Betreff dieses Erlasses herrscht, noch weiter zu erläutern, verweisen wir auf: Sartorius-Lappenb. Urk. Gesch. d. H. I, S. 195. II, No. 53 zu 1284. Munch IV, 2, S. 101 und Nielsen, Bergen, 1285; Barthold, Gesch. d. Hanse II, S. 10:1284. S. 11:1285. Gallois. Hamb. Chron. I. S. 160:1284. S. 161:1285. Kurd v. Schlözer, die Hansa und der deutsche Ritterorden. S. 38:1285. Höhlbaum selbst entscheidet sich für 1285. D. Schäfer in den Hans. Geschbl. Jahrg. 1874 S. 7, der sie in das Jahr 1284 setzt, beruft sich auf die Urkunden Lüb. U. B. II, No. 62 und 1010, die, wie ebendaselbst No. 129 aus dem Anfange des Jahres 1285 stammen; da die ersten beiden Diplome ohne Datum sind, so dürften diese Argumente nicht so schwerwiegend sein, wie diejenigen Höhlbaums (vergl. Mantels in Hans. Rec. I, 549) und Nielsens, die sich darauf stützen, dass der 13. März des 5. Regierungsjahres König Erichs der 13. März 1285 sei, indem König Magnus bereits am 9. März 1280 verstarb. — Ueber den Todestag des Königs Magnus vergl. ausser Hans. U. B. I, No. 969. Anm. 4 noch Dahlmann, Gesch. v. Dänm. II, S. 370. Dipl. Norweg. I, S. XVII. Höhlbaums Berufung auf Detmar dagegen ist ganz verfehlt, indem die dort berichteten Feindseligkeiten erst, wie oben gezeigt werden wird, im Frühsommer 1285 nicht 84 Statt gefunden haben. — Mit Recht scheint Höhlbaum die apodictische Fassung der Worte gewählt zu haben: „diese Zahl (1285) ist unbedingt richtig" und dennoch könnte es nur so scheinen,

versprach, dass jeder deutsche Kaufmann, der beim Könige oder dessen Rechtspflegern anhängig mache, ihm sei vom Könige oder dessen Unterthanen Unrecht oder Schaden zugefügt und dies durch Beweise belegen könne, nach den Gesetzen und Gewohnheiten des Reiches vollen Ersatz empfangen solle; doch haben es die Städte in gleicher Weise mit den Kaufleuten seines Reichs zu halten und belassen sie dieselben in den Rechten und Freiheiten, welche sie seit Alters her in ihren Häfen genossen, so sollen auch die Deutschen in Norwegen der Freiheiten, Rechte und Privilegien theilhaftig sein, welche Magnus Lagabätter und dessen Vorfahren ihnen bewilligt haben. Durch das königliche Insiegel wurde das Document bekräftigt.

---

weil die Prämisse, worauf sie beruhen nicht unantastbar dasteht, wie das Folgende erweisen dürfte. Rymer Fœdera II, S. 640. Urkunde Erichs Priesterfeind. Datum Bergis anno domini millesimo ducentesimo octogesimo quarto, sexto kal. Maii anno vero regni nostri quinto. Der 26. April 1284 könnte, falls Erich die Jahre seiner Regierung vom 9. (10) Mai zählte, nur in das vierte, nicht in das 5. fallen. — Bremer U. B. I, No. 484, Original Urkunde König Erichs, Datum ... in festo beati Mathie apostoli anno domini ab inc. MCC nonagesimo secundo et regni nostri anno XIII; der 24. April fiel nach derselben Rechnung noch in das zwölfte Regierungsjahr des Königs. — Dipl. Norw. IV, No. 99. Urk. Herzog Hakons nach dem Original, gegeben a þorsdagen i paskaviku þa er lidnir waro fra burdartid vars herra Jesu Christi m. vettra cc vettra niutigir vettra ok atta vettr. a nitianda are wars hoertugadœmes; gerechnet wie oben, müsste der 10. April 1298 nicht in das 19. Regierungsjahr fallen, wie hier angegeben, sondern in das 18. Vergl. oben S. 63, Anm. 1. Bei dieser Uebereinstimmung in allen drei Urkunden, die wir aus den betr. Monaten haben, auf denen sich Regierungsjahr und Jahreszahl zugleich angegeben finden, sind wir nicht berechtigt, Verschreibungen in der Jahreszahl oder im Datum zu postuliren, sondern haben uns einfach dem norwegischen Kanzleigebrauche zu fügen. Derselbe hängt wahrscheinlich mit dem nordischen Jahresanfange zusammen, betreffs dessen unsere Kenntniss noch ganz im Argen liegt. Ueber das in Norwegen nicht unbekannte Marienjahr (25. März) vgl. Dipl. Norw. I, S. XV, XVI, Grotefend, Handb. d. Hist. Chron. S. 26, 27. Ueber die Verbreitung des Osterjahres im dreizehnten Jahrhunderte, Grotefend S. 28. Vergl. noch Weinhold Altnordisches Leben S. 376. — Für die obige Urkunde speciell kommen noch die Urkunden Hans. U. B. I, No. 974, 977, auf die schon Schäfer hinwies, und in gleicher Weise der Umstand in Betracht, dass die namhaft gemachten Städte entschieden besser auf einer Urkunde passen, welche vor der Handelssperre, als auf einer, die nach derselben ausgestellt ist. Vergl. noch die etwas wunderliche Art wie Munch IV, 2. S. 101. Anm. 1. der den Brief 1285 ansetzt, sich zu helfen sucht.

Alles schien glücklich beigelegt zu sein und in das alt geregelte Geleise wieder einlenken zu wollen. Vertrauensvoll segelten die deutschen Händler, wie sie pflegten, nach verschiedenen norwegischen Orten, nach Englands Gestaden und auch nach denjenigen anderer Länder, je nachdem sie es vortheilhaft erachteten [1]).

Dieses plötzliche Einlenken Erichs in eine friedfertige Politik hatte noch ganz besondere Gründe. Es war nämlich der einzige Sohn König Alexanders III. von Schottland, schwach an Leib und Seele, verschieden und damit Margarete, die Tochter des Norwegers und der schottischen Gemahlin die nächste Erbin des erledigten Thrones geworden. Die schottischen Grossen waren am 5. Februar zu einer Reichsversammlung zusammengetreten, auf der sie die junge „Maid von Norwegen" zur Nachfolgerin des Grossvaters erklärt hatten. Bei den wirren Zuständen des Westlandes, der Schwäche des Königs, der tiefen Abneigung gegen die Normannen, bei dem Vordringen des englischen Einflusses und den Ansprüchen der mächtigen einheimischen Familien Bruce und Baliol, musste Erich daran gelegen sein, sich möglichst freie Hand zu verschaffen, um nöthigen Falls dort mit ausschlaggebender Macht eingreifen zu können [2]). Erwägungen dieser Art werden ihn veranlasst haben, den deutschen Städten gegenüber einzulenken; schien sich doch auch in Dänemark — wo mit dem Tode der Königin-Mutter der letzte Funke von Herrscherenergie erloschen war — jene viel verzögerte Ingeborgsche Erbschaftsfrage zu Gunsten Norwegens entscheiden zu wollen, was dann von selber friedlichere Verhältnisse der beiden Nachbarstaaten zur Folge gehabt hätte.

Der augenblicklichen politischen Strömung gemäss war es für Erich Priesterfeind das nächstliegende, sich gegen die aufstrebenden Elemente im Innern Schottlands auf das verbündete England zu stützen. Dem entsprechend sandte er im April zwei seiner Ritter an König Edward, um den Conföderationsbrief ihrer beiderseitigen Väter, Heinrich und Magnus, mit der Bitte vorzulegen, ihn zu erneuern. Er für seine Person liess versprechen, alle darin enthaltenen Uebereinkommen wahren zu wollen. Um möglichst jeglicher Eventualität vorzubeugen, aus der eine Spannung zwischen den beiden Reichen erwachsen könne, liess er König Edward bitten, den Schädigungen, welche seinen Kaufleuten in England angethan würden, Einhalt zu thun. Edward,

---

[1]) Meckl. U. B. III, No. 1735. Lüb. U. B. II, No. 1010.
[2]) Pauli, Gesch. v. England, IV, S. 55 ff. Munch, IV, 2, S. 96. Burton, History of Scotland, II, S. 42 ff., 141 f.

dem gerade sein erster Sohn geboren wurde, der weitschichtige Pläne wob, mag schon damals an eine Verbindung zwischen jenem Knaben und der schottischen Margarete gedacht haben; er nahm die norwegischen Gesandten ausgesucht freundlich auf, verhandelte mit ihnen, liess alsdann im Juli, fern in Wales, die von Erich gewünschte Bestätigung erfolgen und die Bevollmächtigten versprechen, dass ihr Herr das Vereinbarte beobachten und so bald als möglich in gleichem Tone gehaltene offene Briefe darüber ausstellen werde [1]).

Unterdessen hatten sich auch die Dinge in Dänemark weiter entwickelt. Auf dem Reichstage zu Nyborg, der im Mai statt fand, war es einer Reihe von dänischen Grossen, unter ihnen dem späteren Königsmörder Jacob von Halland gelungen, sich als Schiedsrichter in der Erbschaftsfrage aufzuwerfen und in bester Form den Spruch zu erlassen, dass der Königin Ingeborg und ihren drei Schwestern die Erbgüter gewaltsam und ungerecht vorenthalten würden, sie ihnen deshalb mit den bisher eingelaufenen Erträgen ohne Widerspruch ausgeliefert werden müssten. Dieses Urtheil vom Könige bestätigt, wäre einer Auseinandersprengung des Staates nahe gekommen [2]), er konnte es unmöglich genehmigen; um jedoch etwas in der Sache zu thun, verglich er sich mit einer der Schwestern, wahrscheinlich mit derjenigen, welche am wenigsten forderte. Er beging damit eine thörichte Halbheit, weil die gewichtigsten Ansprüche offen blieben und die norwegische Regierung entschieden gereizt wurde. Da ist es denn der Zerfahrenheit des Reiches so recht entsprechend, dass Waldemar von Schleswig sich desto nachgiebiger zeigte, indem er seiner geliebten Schwester, der Herrin Ingeborg, ihre Güter innerhalb seines Herzogthums restituirte; wer ihr in der Verwaltung derselben Schwierigkeiten bereite, möge wissen, dass er des Herzogs rächenden Arm zu gewärtigen habe. Waldemar hatte seine Absichten bei dieser Leutseligkeit [3]).

Wohl mit den dänischen Vorgängen im Zusammenhange, bedingt durch die Verwilderung der Geister und die einmal entfesselten Leidenschaften, steht der abermalige Losbruch der Normannen gegen den deutschen Kauffahrer, der im Vertrauen auf die königliche Zusage in die nordischen Gewässer eingelaufen war.

Ohne Aufkündigung des Friedens wurde er gefangen, beraubt

---

[1]) Rymer Fœdera, II, S. 640 (272), 645 (281), vergl. Munch, IV, 2. S. 96.
[2]) Vergl. Munch, IV, 2. S. 82.
[3]) Suhm, X, 878 ff. 1021 ff. Dahlmannn, I, S. 421. Munch, IV, 2. S. 91 ff.

und getödtet. Das alte Vikingerthum stand plötzlich wieder in voller Blüthe. Allen voran trieb es Alf Erlingson.

Seit einem Jahre war sein Vater gestorben und hatte ihm „Tunsberg Lehn das reiche" hinterlassen, während ihm die Freundschaft, oder, wie es heisst, gar Verwandtschaft, in der er zum königlichen Hause stand, Borgesyssel eingetragen hatte. Alf war der Urtypus eines norwegischen Freihern. So weit sich übersehen lässt, passt die Characteristik, die in der Wilkina Saga (cap. 32) von Wittich, Wielands Sohn, gegeben wird, auf ihn, wie kaum eine andere; es heisst dort: „er war gross von Wuchs, gewaltig stark, hart von Gemüth, dabei edel und beliebt und gab niemandem nach". Je waghalsiger eine That, desto lieber vollbrachte er sie, unbändigen Sinnes, wussten die nervigen Fäuste die Ruder so gut zu führen, wie das Schwert; dem Schwedenkönige schrieb er, nicht leichtfertig und übereilt zu handeln, dem Seneschall des Schottenkönigs, er solle von Feindseligkeiten abstehen, sonst werde er erfahren, dass Norwegen noch nicht so schwach sei, um den Druck seiner Sporen zu ertragen. Gegen Sänger war er freigebig und gastlich und gern wird er dem Liede gelauscht haben, welches am Feuer der Halle von seinem Muthe, seinem Reichthume und seiner Milde zu berichten wusste, welches der Nachwelt redendes Zeugniss blieb, wie hoch der kecke Pirat in Ansehen und Gunst bei seinen zeitgenössischen Landsleuten gestanden, zumal wohl beim weiblichen Theile, der Königin-Mutter nicht am wenigsten. Alf wurde Jarl und Gesandter des Königs; er endete auf dem Rade [1]). Jetzt lagerte er in seiner wasserumgürteten Sarpsborg, oder in einer Feste, welche die Fluthen der See bespülten, und lugte hinaus auf Sund und Kattegat und wehe dem Schiffe, das ihm in Sicht kam!

Dann weinten Wittwe und dann weinten Kind,
Die der grimme Kämpe in Armuth gebracht,
Dann mussten sie leiden Mangel und Harm,
Ihr Flehen fiel weder auf Stock noch Stein.
Kennt ihr den Alf? —

Er plünderte Alle aus, deren er habhaft werden konnte, gleich-

---

[1]) Ueber Alf siehe: Langebeck, Script. Rer. Dan. I, S. 247, 255. Arild Huitfeld, S. 286. Torfäus, IV, S. 174, 176, 177. Udvalgde Danske Viser, II, No. 90 u. 91. Suhm, Hist. af Danm. X, S. 883, 884, 900, 948. Munch, IV, 2. S. 3, 56, 95 ff. 100, 102 ff. 114, 119 ff. 124, 126 ff. 136 ff. 145, 153, 180 ff. 262 ff. 279.

viel ob Deutsche, Dänen, Friesen (Holländer) oder Kaufleute aus anderen Gegenden.
    So nahm er alle die Koggen neu
    Und fuhr damit nach Norwegen frei.
       Kennt ihr den Alf?
Zumal gegen die wendischen Kaufleute scheint er einen bedeutenden Schlag ausgeführt zu haben.
    Und als Kunde davon kam in Rostock ein,
    Da erbleichte manch' rothrosig Wängelein. —
       Kennt ihr den Alf?
Doch mit den Erfolgen auf der See sich zu begnügen, hätte schlecht einem Viking angestanden; feindlich und schutzlos dehnten sich nahe die dänischen Gestade und manches Dorf dort blieb redendes Zeugniss von seinem schneidigen Schwerte und seinen lohenden Feuerbränden. Der Erfolg steigerte die Dreistigkeit, noch im Laufe desselben Jahres griff er sogar das reiche Skanör an, verwüstete es und fügte dadurch sowohl dem Handel der Seestädter, welche dort ihre Vitten hatten, als auch dem dänischen Reiche äusserst empfindlichen Schaden zu. Mit Beute beladen kehrte er in seine Schlupfwinkel zurück[1]). Die norwegische Regierung liess ihn gewähren.

  Ziehen wir diese Verhältnisse und Alfs Stellung zum königlichen Hause, namentlich zur beeinträchtigten Königin-Mutter, in Betracht, so können seine Raubzüge gegen die dänischen Küsten kaum anders, als ein von Norwegen officiös geführter Krieg betrachtet werden, vermittelst dessen ein Druck auf die benachbarte Regierung ausgeübt werden sollte, um sie mürbe und den norwegischen Forderungen geneigt zu machen. — Wollte Dänemark sich nicht fügen, so war ihm die Richtung seiner Politik vorgezeichnet, es musste sich an den Leidensgefährten, an den Bund der Seestädte lehnen.

  Hatte sich dieser bisher nicht über das Verbot der norwegischen Schiffahrt einigen können, hatte er auf's Neue Vertrauen gefasst, als Erich Priesterfeind dem deutschen Kaufmanne Schutz und Gerechtigkeit zugesagt hatte, so war er nunmehr zu der Erkenntniss gekommen, dass Güte und Geduld seine Sache nur verschlimmern könnten[2]). In Folge dessen wurde eine Tagfahrt nach Wismar ausgeschrieben, wo diejenigen, welche in der Rostocker Conföderation einbegriffen

---

[1]) Langebeck, Script. II, S. 265, 527. V, S. 531. Suhm, X, S. 883.
[2]) Hanse. Rec. I, No. 44.

waren, zusammentraten und feststellten ¹), dass Getreide, Bohnen, Erbsen, Malz und Mehl bei 10 Mark Strafe und Confiscation der Waaren nicht über das Meer, sondern nur nach den verbündeten Städten ausgeführt werden dürften. Eine Bestimmung, die lediglich auf Norwegen gemünzt war, wie sich aus der Gestaltung der Verhältnisse und aus dem den lübischen Sendeboten mitgegebenen Gedenkzettel ergiebt. Raube irgend einer etwas von jenen unerlaubt ausgeführten Gütern, so stehe dies nicht im Wege, dass er nach wie vor die Städte frei besuche. Importirte norwegische Waaren sollen in den verbündeten Ortschaften keine Abnehmer finden, sondern wieder zurückgeschickt werden. Kauft dennoch jemand, etwa im Geheimen, norwegisches Gut, so wird es ihm confiscirt, schwedisches und dänisches dagegen ist frei für den Handel. Wollen die Bremer — die wir schon wiederholt abseits stehend gefunden haben — diesen Abmachungen beitreten, wird man sie gerne aufnehmen, wenn nicht, so sollen sie vom Handelsverkehr in den conföderirten Städten ausgeschlossen sein. Erleidet jemand Beleidigung oder Schaden, ist es Sache der Verbündeten, gemeinschaftlich für Ersatz zu sorgen. Um den Herrn von Mecklenburg und einige seiner Ritter zu gewinnen, heisst es zum Schlusse, seien diese Bestimmungen versiegelt; — mithin sind sie ihm doch wohl eingeschickt. Dass in Wismar auch noch über andere Gegenstände verhandelt worden, zeigt der lübische Gedenkzettel, worin es unter Anderem heisst, dass die Boten anfragen sollen, ob Gesandte an den dänischen König zu schicken seien, dass die slavischen Herrn ermahnt werden müssten, hülfreiche Hand gegen die Normannen zu bieten, Heinrich von Werle, das Geld zurückzugeben, womit angeworben werden solle, dass nach Riga und allen jenen fern liegenden Ortschaften, wie auch nach Westfahlen, der normannischen Sache wegen Briefe gesendet werden müssten und dass in eben jener Angelegenheit die slavischen Städte $^3/_4$, Lübeck aber $^1/_4$ der Kosten zu tragen hätten.

Wir sehen, dass es wieder der lübische Rath gewesen ist, der Alles vorher gründlich erwogen und im weitgreifendsten Sinne gefasst hat; seine Gedanken waren es, die den Wismarer Recess bestimmten. Derselbe zeigt die gewohnte Vorsicht und Klugheit; an Repressalien oder gar an einen Angriffskrieg denken die Handelsherrn nicht; ihre

---

¹) Hanse Rec. I, No. 29, 30. Wird etwa Anfang Juni anzusetzen sein.

Waffen sind depressiv, aber darum nicht minder wirksam; die Wiederherstellung des Friedensstandes, auf den es ihnen in erster Linie ankam, machten sie so leicht wie möglich. Der Kern der Beschlüsse liegt in der Verhängung der Handelssperre gegen das norwegische Reich: es soll ihm ergehen, wie einer umlagerten Festung, indem ihm die nöthige Zufuhr entzogen wird, es soll nach und nach ausgehungert werden; — ein Beweis, wie bedeutend der deutsche Export nach Norwegen gewesen sein muss, da man sich von seinem Verbote Erfolg versprechen konnte.

Das in Wismar Vereinbarte scheint alsbald in Kraft getreten zu sein, wenigstens ergiebt sich aus einer Aufzeichnung des Rostocker Stadtbuches, dass in der Mitte des Sommers der Verkehr mit Norwegen abgebrochen war [1]). Sicherlich wird auch lebhaft mit den verbündeten Fürsten verhandelt sein, der Sache nach resultatlos, weil dieselben durch die brandenburger Fehde bis auf den Tod ermattet waren. Wir besitzen nur zwei Briefe, worin Heinrich von Werle und Anastasia von Mecklenburg mit ihren Söhnen [2]) sich im Interesse des geschlossenen Landfriedens an den König von Norwegen wenden, ihm die den deutschen Seestädten zugefügten Unbilden melden und um Ausgleich und Sühne nachsuchen. — Die Verwickelungen waren schon in ein Stadium getreten, wo solche Erörterungen unmöglich noch eine Wirkung erzielen konnten, und sind deshalb jene beiden Schreiben wahrscheinlich gar nicht an den Ort ihrer Bestimmung abgegangen, wie sich aus dem Umstande ergiebt, dass sie sich nicht in einem norwegischen, sondern in dem lübischen Archive aufbewahrt finden. König Erich hat auch keinen Ersatz geleistet [3]).

Soweit sich erkennen lässt, ist das Ausfuhrverbot nur in den Städten überwacht worden, wodurch Manche, von der Aussicht auf grossen Gewinn verlockt, die Uebertretung desselben wagten. In Folge dessen fanden sich die Rathmannen der Seestädte, vielleicht schon im August des laufenden Jahres, abermals in Wismar zusammen [4]),

---

[1]) Meckl. U. B. III, No. 1738.
[2]) Höhlbaum, Hans. U. B. I, No. 977, 978 verlegt diese beiden Briefe in das Jahr 1285, schwerlich mit Recht. Vergl. Koppmann H. R. I, S. 21. Meckl. U. B. III, No. 1735.
[3]) Meckl. U. B. III, No. 1736.
[4]) Hans. Rec. I, No. 33, 34. Hans. U. B. I, No. 989. Den Ausführungen Koppmanns S. 20 B. können wir nicht beipflichten, uns scheint vielmehr der zweite Wismarer Recess in nächster Verbindung, so zu

und verhandelten über die Excesse derjenigen, welche trotz des Verbotes nach Norwegen gefahren seien. Dieselben sollen mit allen ihren Gütern büssen; und wer so gebüsst, der hat Urfehde zu schwören, sich nimmer rächen zu wollen. Die Sühne findet Statt an dem Orte, wo der Betreffende Bürger ist. Vermeidet er aber die Heimath und begiebt sich in andere Städte, so soll man ihn dort festsetzen, bis er von der Ortschaft, deren Bürger er ist, eingefordert worden, der er mitsammt seinen Gütern, ohne Widerrede ausgeliefert werden muss. — Rücksichtlich der Bremer, welche wir nun definitiv von den conföderirten Städten losgesagt finden, vereinbarte man[1]): sie von jedem Handelsverkehre mit diesen Orten auszuschliessen. Würde einer derselben von Bremern besucht, so soll er dafür Sorge tragen, dass sie ihn mit ihren Gütern sogleich wieder verlassen. Dieses Vorgehen gegen Bremen ist das einzige uns bekannte Beispiel der Art aus der früheren Zeit und erhält noch ein besonderes Relief, wenn wir in Erwägung ziehen, wie locker damals noch der Bund der Seestädte war und einzig vom guten Willen der Betheiligten abhängig, wie ihm jegliche innere Organisation fehlte, Lübeck das bindende und treibende Glied des Ganzen war. Hierin wird aber auch der Schwerpunkt der „Verhansung", wie man das Ereigniss später genannt hat, zu suchen sein. Was noch ein Jahrhundert später den Bremer Hinrich Bersing gegen den Lübecker Tileke Bodendorp beim friedlichen Abendschoppen in Wuth versetzte, das trat schon jetzt, staatsrechtlich festgestellt, zu Tage. Der Ausschluss Bremens aus dem Verkehre mit den verbündeten Städten ist thatsächlich als das älteste Denkmal der lübisch-bremischen Eifersucht zu betrachten, was jedoch nicht ausschliesst, dass diesmal noch einige besondere Momente ins Gewicht fielen. Wir werden später darauf zurückkommen, hier nur noch erwähnen, dass der Wismarer Recess wesentlich im Sinne des vorigen gehalten ist, sich von activem Vorgehen gegen Norwegen nichts vermerkt findet; doch dürfte es wahrscheinlich sein, dass über die Erweiterung des Rostocker Landfriedensbundes, zumal wegen einer Verbindung mit dem durch die Handelssperre doppelt wichtigen Dänemarck verhandelt worden, wenigstens besitzen wir vom 17. August dieses Jahres jene bereits

---

sagen eine Weiterbildung des ersten zu sein. Ob der Brief Rostocks an Lübeck hierhin gehört, ist leider zu zweifelhaft, um ihn zur Datirung des Recesses zu verwenden.

[1]) Vergl. über die Sache Schäfer in Hans. Geschbl. Jahrg. 1874. S. 8 ff. und oben S. 67.

erwähnte Urkunde Erich Glippings, die er den Gesandten der deutschen Kaufleute ausstellte, weil die letzteren in diesem Jahre nicht sicher nach Skanör kommen konnten [1]. Er thut zu wissen, dass er den Kaufleuten ein zuverlässiger Helfer sein werde gegen alle diejenigen, welche sie am Besuche des Ortes hindern wollten, auch grenzt er ihre Gerichtsbarkeit daselbst gegen die seinige ab.

That er damit den ersten entschiedenen Schritt zu den Verbündeten hinüber, so sollte ihn bald die Brandfackel der Vikinger, der Ueberfall Skanörs, der unvermeidliche Bruch mit Norwegen ganz, fast willen- und wahllos, auf ihre Seite drängen, wie wenig es auch im Sinne der mächtigen, mit Norwegen sympathisirenden und im Reiche übermächtigen, Grossen sein mochte.

Es war am 29. November als der König der Dänen dem deutschwendischen Landfriedensbündnisse beitrat, dessen Mitglieder sich unterdessen nicht wenig gemehrt hatten. Als solche werden nämlich namhaft gemacht: die Bischöfe von Schwerin, Lübeck und Ratzeburg, die Herzöge von Sachsen[2]), Jütland und Pommern, die Grafen von Holstein und Schwerin, der Fürst von Rügen, die Herrn von Werle, Rostock und Mecklenburg, die Städte Lübeck, Hamburg, Kiel, Wismar, Rostock, Stralsund, Greifswald, Demmin, Anclam und Stettin; d. h.: wir finden nunmehr die Seemächte von der Oder bis zum Skager Horn und vom Skager Horn bis zum Strande der Elbe in einer grossen, acht Jahre gültigen, Vereinigung zusammengeschlossen; Elemente mannigfachster Art, die sich theilweise noch vor Kurzem abstiessen, durch den Frieden von Vierraden jedoch und die allgemeine Noth gemeinsam in dieselbe Richtung gedrängt wurden.

In den über den Beitritt Erichs ausgestellten Urkunden[3]) verspricht der König, falls er darum angangen werde, diejenigen zu ermahnen, welche Conföderirte schädigen, den Verletzten volle Genugthuung, nach dem Gesetze des Ortes oder der Stadt, angedeihen zu lassen; bleibe diese innerhalb eines Monats aus, so werde er dem Beeinträchtigten mit Anderen, die in der Verbindung eingeschlossen seien, Hülfe leisten, damit ihnen volles Recht werde; in keiner Weise gedenke er aber den Verletzer zu begünstigen, oder

---

[1]) Hans. U. B. I, No. 948.
[2]) Nicht finden wir den Herzog von Lüneburg, er hatte sich auf 10 Jahre verpflichtet und wird noch im Frieden von Vierraden als coadjutor von Pommern-Rügen genannt.
[3]) Hans. U. B. I, No. 953—956.

sonst gegen die Gerechtigkeit zu handeln. Den wendischen Städten und Kaufleuten soll auf Grund seines Bündnisses für die nächsten 8 Jahre die Freiheit ungehinderten Verkehrs und Handels in seinem Reiche zustehen, unter Vorbehalt der Zölle und schuldigen Leistungen, die sie seit Alters her ihm und seinen Beamten zu entrichten gehalten waren. Er lässt ihnen Schutz angedeihen für die Zufuhr von Waaren an seinen Hof gegen Vergewaltigungen, die er mit Strafe nach Recht und Gesetz seines Reiches bedroht; auch gestattet er den Kaufleuten ungehinderte und beliebige Ausfuhr der in Dänemark eingekauften Waaren, ausser für den Fall eines allgemeinen Verbotes, welches stets um S. Michaelis öffentlich zu verkünden ist. Mit den Lübeckern im Besonderen vereinbarte er, sich gemeinsam für die ihnen von den Norwegern zugefügten Unbilden Recht verschaffen zu wollen, und das Vergehen einer der verbündeten Städte gegen ihn oder sein Reich anderen nicht entgelten zu lassen, wenn sie ihm mit Rath und That gegen jene unterstützten. Seinen Unterthanen verbietet er alle Ausfuhr nach Norwegen, der Zuwiderhandelnde setze sich der eigenen Gefahr aus und verliere alle Ansprüche auf Beihülfe einer Ersatz-Leistung. Den Norwegern in seinem Reiche gestattet er Aufenthalt und Handel nur bis zum Pfingstfeste des nächsten Jahres; haben sich bis dahin die Norweger nicht mit den Städten verglichen, müsse der Verkehr aufhören, bis ihm, den Seinen und den Städten, durch den König von Norwegen Gerechtigkeit widerfahren sei.

Zu allen diesen Vereinbarungen gaben die vornehmsten dänischen Reichsbeamten ihre Zustimmung, Männer wie Jacob von Halland, der Marschall Stig und Nicolaus Knutson, denen wir sonst nur als Widersachern ihres Lehnsherrn gewohnt sind zu begegnen; auch Herzog Waldemar, der sein Herzogthum als Erblehn ansprach, die Insel Alsen als dazu gehörig erklärte, ja sogar nach der Krone von Dänemark, als seiner Linie mit Unrecht entzogen, Verlangen trug, der sich vor einem halben Jahre die norwegische Ingeborg verpflichtet hatte, sich wenige Monate später auf dem Wege nach Norwegen befand, um dort Beistand zum Kriege gegen seinen königlichen Verwandten zu suchen, auch dieser Waldemar findet sich in der Einung, die nunmehr so entschieden unter dem Drucke der Städte, vornehmlich Lübecks, gegen eben dieses Norwegen ihre Spitze kehrte. Gewiss liegt in dem viel verschlungenen Gewirr feindlicher Interessen der Grund jener, für die damaligen Zustände im Allgemeinen, für die Verhältnisse der beiden nordischen Reiche im Besonderen, auffallenden Langmuth Erich Glippings gegen den Nachbar, der ihn und seine Unterthanen auf das Grausamste heimgesucht hatte.

Immerhin war es gelungen sich innerlich abstossende Elemente, wenn auch nur äusserlich, gegen den vornehmsten Friedensbrecher, den Norweger, zusammenzuschweissen. Genug sein lassen durfte man es aber nicht damit, konnte doch die ganze Verwickelung durch eine Hand ihre Lösung erhalten, über welche weder die Städte noch der Priesterfeind Gewalt besass: durch die Edwards von England. — Bekanntlich war der Handel des deutschen Kaufmannes mit England sehr lebhaft, in London besass er grosse Waarenlager und eine eigene Gildhalle; die Könige waren ihm durchweg günstig gesonnen. Während des ersten Jahrzehntes der Regierung Edwards waren alsdann eine Reihe von Irrungen namentlich mit Bremern und Holländern ausgebrochen, wegen der Unterhaltung des Bishopgates hatten sich die Kaufleute der deutschen Hanse zu London mit den Bürgern der Stadt überworfen, die Sache kam vor das Parlament und schleppte sich Jahre lang zu beiderseitigem Nachtheile hin. Im Jahre 1281 hatte Edward den Deutschen ihre alten Freiheiten bestätigt und im nächsten erfolgte auch ein Vergleich der Hansen mit der Stadt London, der die Vorbedingungen einer friedlichen Weiterentwickelung des gegenseitigen Verkehrs wieder herstellte [1]). Da traten die norwegisch-städtischen Conflicte einer- und andererseits die schottische Thronfolgefrage ein. Als die Verbündeten den Verkehr mit Norwegen bereits abgebrochen hatten, liess Edward jene Vertragsbestätigung erfolgen, um die ihn sein früherer Schutzbefohlener angegangen war. Die grosse Frage musste sich nun dahin gestalten, ob es der norwegischen Politik gelinge in England das Uebergewicht zu erlangen, Edward gar zu thätigem Vorgehen gegen die Hansen, vielleicht zur Beschlagnahme der deutschen Waarendepots zu vermögen, wodurch es mehr als wahrscheinlich wurde, dass sich die Seestädte gefügig bis auf's Aeusserste zeigten, oder ob es vielmehr diesen glücke, die Engländer für sich zu gewinnen, sie dahin zu bringen, keine Lebensmittel nach Norwegen auszuführen, was nahezu eine Vollendung des Wismarschen Absperrungssystems in sich schloss.

Es war selbstverständlich, dass hier beide Parteien einsetzten.

---

[1]) Hans. U. B. I, No. 832, 835—837, 857, 881, 882, 890, 902, Vergl. Lappenberg, Stahlhof, S. 17 ff.

In wiefern es durch mündliche Verhandlungen geschehen, entzieht sich leider unserem Blicke, schriftlich scheinen auf Seiten der Verbündeten die beiden mecklenburgischen Städte den Reigen eröffnet zu haben. Am 14. December liess Rostock an König Edward ein Schreiben abgehen, worin es das Verhalten der Norweger darlegte, wie dadurch die Unmöglichkeit eines ferner gesicherten Verkehrs gegeben sei. Deshalb bitte es den König die Getreideausfuhr nach Norwegen zu verbieten, bis der gemeine Kaufmann durch seine Hülfe eine würdige Entschädigung erlangt habe. Drei Tage später stellte man in Wismar einen ähnlichen, nur noch unterthäniger gehaltenen Brief aus, der dasselbe Ansuchen enthielt[1]). Dass, so weit wir erkennen, gerade Rostock die Initiative ergriffen hat, mag zufällig sein, vielleicht aber auch seinen Grund darin haben, dass es durch Alf Erlingson ganz besonders geschädigt war; wie denn von jeher die mecklenburgisch-rügenschen Städte zu Norwegen in schlechten Beziehungen gestanden zu haben scheinen. Schon bei der ersten Fehde zwischen Lübeck und jenem Lande waren dort auch die wendischen Schiffe mit Beschlag belegt worden, später Rostocker Bürger durch Hakon Hakonson schwer beeinträchtigt, weder Rostock, Wismar noch Stralsund hatten norwegische Specialprivilegien erhalten, während doch das weit kleinere Greifswald ein solches besass, auch dürfte es damit zusammenhängen und gerade in diese Zeit gehören, dass Stralsund den König Erich beleidigte[2]).

Etwa mit Rostock und Wismar zugleich, vielleicht schon früher, wandte auch der Lübecker Rath sich an den Plantagenet. In klarer, leidenschaftloser Weise erstattete er Bericht über das rechtlose und gewaltthätige Verhalten der Norweger, zeigte, wie dasselbe den Handeltreibenden hindere England wie sonst zu besuchen und bat schliesslich den Kaufleuten seines Reiches zu gebieten, ihm beizustehen und während des Zerwürfnisses weder Lebensmittel noch sonst etwas, das Unterstützung gewähre, nach Norwegen zu verschiffen[3]). Wahrschein-

---

[1]) Hans. U. B. I, No. 959, 961.
[2]) Lüb. U. B. I, No. 484. S. 442, fin. Der Urkunde Erichs für die Städte vom 13. März 1284 dürfte schwerlich derartiges vorausgegangen sein.
[3]) Diese Urkunde dürfte vom Mekl. U. B. III, No. 1737 zu früh, vom Hans. U. B. I, No. 974 zu spät angesetzt sein. Dass sie eng mit den Briefen Rostocks und Wismars zusammenhängt, ergiebt die Uebereinstimmung des Inhalts, mehr noch die Aehnlichkeit einzelner Wendungen.

lich auf Betreiben desselben Rathes hat auch Herzog Heinrich von Braunschweig ein Schriftstück nach England gesandt.

Aber damit liessen es die Lübecker nicht bewenden; wie schon wiederholt, zogen sie das Reichsoberhaupt in ihr Interesse [1]), indem sie dasselbe bewogen, sich bei dem Könige von England, „seinem liebsten Freunde", für sie zu verwenden. Rudolf von Habsburg that es [2]), wies auf den schweren Schaden hin, den die deutschen Kaufleute ohne alle Schuld durch die Norweger erlitten hätten, berief sich auf den himmlischen König der Könige, der die irdischen eingesetzt habe, sich wechselseitig gegen Unrecht und Unterdrückung zu unterstützen und den Treuen und Gehorsamen den Frieden zu geben. Demnach bat er Edward, die Ausfuhr von Lebensmitteln nach Norwegen zu untersagen, damit König Erich, der Begünstiger der Bösen, durch den Ausfall derselben lerne, die Hand von weiteren Bedrückungen fern zu halten und die Verluste sühne. Er, der Empfänger, möge sich versichert halten, dass der Schreiber dieses Briefes sich ihm in ähnlichen oder schwereren Fällen unlöslich verbunden fühle. — Bei dem guten Einvernehmen, in welchem der Habsburger zu dem Plantagenet stand, durfte mit Recht Berücksichtigung solcher Worte erwartet werden; um jedoch nichts unversucht zu lassen, das Bestehen des Landfriedensbündnisses auch nach Aussen hin zu documentiren, führten die Seestädte, zumal wieder Lübeck, beim Herzoge von Sachsen, dem Hauptmanne des Bundes, Klage über Norwegen, in Folge dessen er in seiner Eigenschaft als Hauptmann an den König von England, ähnlich wie Rudolf und die Städte, schrieb [3]), die Norweger, welche in sein Reich kämen, während des Krieges nicht zu fördern und nicht zu gestatten, dass sie Lebensmittel aufkauften. Wohl zu bemerken, während des Krieges [4])! es liegt darin, dass die Verbündeten über den

---

Dass sie vielleicht gar früher als jene beiden anzusetzen ist, liesse sich aus der Ausführlichkeit der dargelegten Bedrückungen folgern, die Ende April wenig Sinn mehr hatte, um so weniger, als die Angabe derselben in den 4 vorhergegangenen Briefen nur als Einleitung verwendet wird, die der Sache nach König Edward bekannt sei. — Der Satz Normanni per annum mercatoribus ... bona sua .. acceperunt ist für die Datirung dieses Briefes ganz unausgiebig; vergl. oben S. 38, Anm. 2. Hans. U. B. I, No. 975 ist leider noch nicht gedruckt.

[1]) Vergl. oben S. 27, 47. Hans. U. B. I, No. 892.
[2]) Hans. U. B. I, No. 966.
[3]) Hans. U. B. I, No. 967.
[4]) „Guerra durante"; im Briefe Rudolfs heist es: quod durante huius d(iscriminis?) scrupulo.

Wismarer Beschluss der Handelssperre hinausgeschritten waren. Wir werden demnächst sehen, wie sie schon begonnen hatten, den Norwegern Gleiches mit Gleichem zu vergelten.

Die Machinationen der Städte in England konnten dem Könige Erich von Norwegen selbstverständlich nicht verborgen bleiben; sie lahm zu legen musste eine seiner vornehmsten Bemühungen sein. In einem Briefe vom 7. März 1285 [1]) dankte er dem Könige Edward für die freundliche Aufnahme seiner Gesandten und die auf's Neue eingegangene Verbindung und Freundschaft, während er ihn zugleich inständig bat, denselben nachzukommen. In Anlass dessen wolle er nicht unterlassen, ihm mitzutheilen, dass ihm Kunde geworden, die Deutschen, welche von ihm und seinen Vorgängern stets durch Privilegien begünstigt gewesen, hätten sich zusammengethan, um sein Reich im bevorstehenden Sommer feindlich anzufallen. Dies an sich kümmere ihn nicht weiter, wenn nur die Nachstellungen ihrer Kaperer gegen die nach England und anderen Ländern segelnden Kaufleute in Schranken gehalten würden. Er bitte daher, alle solche Wegelagerer und Benachtheiliger seiner Unterthanen, welche in Edwards Herrschaftsbereich gefunden würden, mit dem Arme der Gewalt zu bändigen, wofür er ihn in einem ähnlichen oder schwereren Falle ohne Rückhalt unterstützen werde. Zwei Monate später erkundigte er sich inständig nach dem Befinden Edwards [2]), um welches er sorge, wie um das eigene. Dabei übersandte er ihm einen besiegelten Bundbrief mit der Ermahnung, die Vereinbarungen desselben fest zu halten, wie es der Nutzen beider Reiche erfordere. Vor Allem solle er nicht leiden, dass die Deutschen, Norwegens Feinde, den hin und her fahrenden Kaufleuten irgend welchen Schaden zur See oder auf dem Lande zufügten, so weit es in seiner Macht stände. Würden aber solche Uebelthäter gefunden, so solle er ihnen zum Schaden der Norweger keine Zuflucht in sein Reich gestatten, wie ausdrücklich in der Vereinbarung niedergelegt sei. — Diese selbst ist uns leider

---

[1]) Rymer, Foed. II, S. 662, 663 zum Jahre 1286. Gehört aber hieher; anno regni nostri sexto, vergl. oben S. 49, Anm. 3. Auch die nuncii ad vos (Edw.) in aestate proxima praeterita destinati, multum honorifice... recepistis beweisen es (es sind jene Gesandten gemeint, die den Vertrag zu Karnarvan schlossen), wie denn auch der Brief seinem ganzen Inhalte nach gar nicht in das Jahr 1286 passt. Sartorius, Urk. G. d. H. II, S. 147 hat sich täuschen lassen. Vergl. Hans. U. B. I, Nr. 969, Anm. 4.

[2]) Rymer, Foed. II, S. 651 (1088). Hans. U. B. I, Nr. 979.

nicht erhalten, doch ersehen wir aus obigem Briefe genug, um ihre Tendenz zu erkennen; im Allgemeinen zielte sie auf ein Freundschaftsbündniss ab, demjenigen ähnlich, welches zwischen Magnus und Heinrich III. geschlossen war, im Besonderen vielleicht gegen die Städte zugespitzt.

Wie die Dinge lagen, entsprach Neutralität entschieden am meisten den Interessen Englands; schon auf Erichs Schreiben vom März scheint Edward eine dahin gehende Erklärung abgegeben zu haben. Die Thatsache seines klugen Verhaltens ergiebt sich aus einem Briefe Alf Erlingsons an den Seneschall des Königs von Schottland[1]); Alf wundert sich dort, dass man an seinen Küsten die Schiffe norwegischer Unterthanen anhalte, da nichts gegen ihn vergangen sei. Ja, habe doch der König Edward den deutschen Feinden nicht einmal erlaubt, normannische Schiffe in England zu pfänden und dies nach dem Rechte der Freundschaft, welches zwischen ihm und demselben bestehe. Nachdem der Friede hergestellt worden, habe jede Partei das Ihrige behalten. — Ueberhaupt wurde jenes gute Verhältniss zwischen dem Plantagenet und Erich durch die städtische Fehde nicht im Geringsten angetastet. Als in Folge der Ermordung des dänischen Königs kriegerische Zusammenstösse auf dem Sunde in Aussicht kamen, stand Edward nicht an, die Erlaubniss zu ertheilen, dass jeder, der wolle, mit dem Boten König Erichs zur Unterstützung der Norweger ausziehen dürfe, wie er denn auch einem Lombarden befahl, 2000 Mark für jenen Herrscher auszuhändigen. Erst der schottischen Erbfolgefrage war es vorbehalten, den Norweger mit dem Engländer so gründlich zu entzweien, dass nur der frühzeitige Tod des ersteren einen wahrscheinlich gewordenen Krieg verhinderte.

So weit die deutsch-norwegischen Umtriebe in England. — Noch während dieselben im Werke waren, hatte die hartnäckige Verweigerung jeden Schadenersatzes auch dem friedfertigsten Herzen die Erkenntniss aufzwingen müssen, dass fernere Geduld die übelste aller Tugenden sei[2]); bei der Wichtigkeit der Sache durfte aber grosse Vorsicht und Weitschichtigkeit noch mehr als sonst geboten erscheinen, um sich für alle Fälle einen möglichst breiten Rückhalt zu gewinnen; hatten doch auch mehrere holländische Städte einen Span mit Norwegen[3]). Auf einer stark besuchten Tagfahrt, die wahr-

---

[1]) Torfäus IV, S. 377.
[2]) Hanse Rec. I, Nr. 44.
[3]) Lüb. U. B. I, Nr. 484, S. 445.

scheinlich im Januar oder Februar des Jahres 1285 abgehalten wurde [1]), waren die Verbündeten zusammengetreten und hatten auf den Rath der Fürsten, Herren, Edlen und mehrerer westfälischer und holländischer Städte den Beschluss gefasst, nicht vor den Kosten zurückzuscheuen, die es verursachen würde, um eine Anzahl Bürger, bewaffnet, auf kriegerüsteten Schiffen auszusenden, damit sie die Normannen bekämpften, ihrem schadenbringenden Treiben steuerten und die früheren Freiheiten des gemeinen Kaufmannes wieder herstellten.

Alles schien sich zu einem grossen Kriege anzulassen. Laut den Bestimmungen des Rostocker Bundes waren die zahlreichen darin einbegriffenen Fürsten zur Hülfe gegen die Friedensbrecher auf dem Meere verpflichtet, von den holländisch-westfälischen Städten, welche durch die Norweger gewiss auch nicht wenig litten, durfte, wenn nicht unmittelbare Betheiligung am Seezuge, so doch Unterstützung durch Geld und Leistungen erwartet werden. Dagegen war Norwegen wesentlich auf sich allein angewiesen; die schottische Zufuhr, an sich gering, musste durch eine unfreundliche Haltung König Alexanders[2]) noch mehr in ihrer Ergiebigkeit schwinden, England neigte sich der Neutralität zu und hatte den norwegischen Zwischenhandel mannigfach in deutsche Hände kommen gesehen; die einzigen Gebiete, auf welche noch gerechnet werden konnte, waren Schweden und ein Theil der deutschen Nordseeküste.

Aber auch diese liessen die geschäftigen Städte nicht aus den Augen. Mit Schweden hatte das im Landfriedensbunde einbegriffene Dänemark schon im vorigen Jahre eine freundliche Annäherung durch die Verlobung seiner Königstochter Margarete mit dem Königssohne Birger herbeigeführt[3]); jetzt scheint man deutscherseits damit in ähnlicher, wenn auch nicht so ausgedehnter Weise, wie mit England, in Verhandlungen getreten zu sein, von denen uns leider nicht mehr als ein Brief Heinrichs von Werle, dem Schwager des Schwedenkönigs, erhalten ist[4]). Er berichtet in demselben über die Vergewaltigungen

---

[1]) Hanse Rec. I, Nr. 44. Am 7. März wusste Erich Priesterfeind schon von der Versammlung und dem auf derselben gefassten Beschluss.

[2]) Ende dieses Jahres, oder Anfang des nächsten, konnte Alf an seinen Seneschall schreiben: merito miramur, vos subditorum nostrorum naves in Scotia detinere, nullo in vos commisso. Torfäus, IV, S. 377. Am 19. März 1286 starb Alexander.

[3]) Suhm. Hist. af Danm. X, S. 896. Munch, IV, 2, S. 104.

[4]) Dieser Brief wird ungefähr gleichzeitig mit den deutsch-englischen geschrieben sein, vielleicht ein wenig später. In dem an Erich (Meck.

der Norweger, spricht von seinem engen Verhältnisse zu den Städten, und bittet, den König Erich Priesterfeind zu ermahnen, den Städten ausreichenden Schadenersatz zu bewilligen, bei etwa erfolgender Weigerung aber die schwedische Ausfuhr von Lebensmitteln nach Norwegen zu untersagen. Auch der Adressat dieses Briefes, König Magnus, hat es nach keiner Seite hin verdorben, scheint jedoch mit den Städten und ihren Verbündeten in besonders gutem Einvernehmen geblieben zu sein; — bald werden wir ihm als Schiedsrichter zwischen den streitenden Parteien begegnen.

Anders gestalteten sich die Beziehungen zu Bremen, mit dem in mercantiler Hinsicht vielfach das friesische Emden zusammenhing. So weit sich erkennen lässt, hat sich früh in der patricischen Erzbischof-Metropole ein starker Sondergeist[1]) entwickelt, getragen von stolzem Selbstvertrauen; der Bremer Bürger scheint sich selber und allein Manns genug gefühlt zu haben, um in England, Norwegen und Dänemark seinen Pfad zu wandeln. Er musste damit in schroffen Gegensatz zu dem von Lübeck treten, gegen dessen junge, rasch empor strebende Stadt sich naturgemäss eine tiefgehende Eifersucht ausgebildet hatte. Dazu gesellte sich noch, dass der Bremer sich tief von der Wissenschaft durchdrungen fühlte, in Norwegen nicht nur von Alters her Handel zu treiben, sondern dass seine Vaterstadt noch jetzt als der Hauptort für den nordischen Verkehr angesehen werden müsse[2]), mithin ihm auch in allen denselben angehenden Dingen die führende Rolle zustehe. Diese war ihm von Lübeck vorweggenommen, was Wunders, dass er gerade in die entgegengesetzte Bahn einlenkte und sich auf die Seite von Lübecks Feinden schlug, fiel ihm doch alsdann fast der gesammte Vertrieb von Waaren nach Norwegen anheim, der, wenn schon Gefahr bringend war, doch auch ein gutes Stück Geld abwerfen und den unterbrochenen Verkehr mit

---

U. B. III, 1735) sagt Heinrich bona accepta fuerint ... paulo plus quam media pars eis fuerit restituta. Hier dagegen heisst es nunquam adhuc poterant emendam optinere, ich halte dies, den englischen Briefen gemäss, auf den grossen Schaden von 1284 deutend.

[1]) Selbst der Umstand, dass in Bremen zu der hier in Betracht kommenden Zeit Münzen geschlagen wurden, die eine genaue Nachbildung der schottischen Sterlinge, nicht etwa englischer oder anderer Münzen waren, mag bis zu einem gewissen Grade darauf gedeutet werden, dass die Bremer etwas Besonderes unter den Deutschen haben wollten. Jungk, Bremische Münzen S. 194.

[2]) Bremisches Urk. B. I, Nr. 444.

den wendischen Städten mehr als aufwiegen musste. Siegte Norwegen und dictirte es den Frieden, so konnte der Nutzen von Bremens Sonderstellung ein ungeheurer sein, unterlag es, blieb es immerhin mächtig genug, die Bundesgenossin in Schutz nehmen zu können. Wie sehr derartige Erwägungen den damaligen Verhältnissen zu entsprechen scheinen, so fällt ihre rücksichtslose Kühnheit doch ganz aus der Richtung heraus, in welcher die vorsichtige Aristokratie der Rathsherren ihre Politik zu halten pflegte; sie entspricht weit besser der aufstrebenden Keckheit des Handwerkerstandes. Und in der That scheinen solche Elemente in Bremen das Ruder geführt zu haben. Nachdem nämlich schon wiederholt Unruhen in der Bürgerschaft ausgebrochen, vom Erzbischofe Giselbert aber noch gütlich beigelegt waren, erhob sich plötzlich das Volk gegen das Schloss des Erzbischofs[1]), erstürmte es und nöthigte ihn selbst zur Flucht. Gestützt auf die Ritterschaft, in Verbindung mit Friesen, Wurster und Rustringer befehdete er die Stadt. Innerhalb derselben herrschte Zwietracht, wahrscheinlich zwischen einer erzbischöflich-aristokratischen Partei und dem Volke, welche zur Folge hatte, dass mehrere der mächtigsten und reichsten Bürger vertrieben und ihrer Güter beraubt wurden[2]). Bei den Erzbischöflichen fanden sie Hülfe. Die Brandfackel des Krieges loderte grell empor; die Friesen, Wurster und Rustringer fielen über die Schiffe der Bremer her und suchten sie mit Raub und Mord heim, Feuersbrünste wütheten in der Stadt, eine Theuerung stellte sich ein. Leider ist es nicht möglich, eine genaue Zeitfolge dieser Ereignisse anzugeben, doch dürfte es durch-

---

[1]) Lappenberg, Geschquellen des Erzst. Bremen, S. 16—22, S. 74. Duntze, Gesch. der freien Stadt Bremen, I, S. 520 f., 540 f.

[2]) Die obige Parteigruppirung ergiebt sich aus der Historia archiep. Brem. Lappenb., Geschq., S. 16 f. Die Geschlechter betrugen sich im gemeinen Leben übermüthig und stolz; Donandt, Versuch einer Gesch. des Brem. Stadtrechts I, S. 250. — Rynesberg und Schene berichtet zum Jahre 1273: In dersulven tyt wardt den ampten van deme Rade gegeven ere eghene gerichte. Lappenberg, S. 74. Donandt, S. 230. — Renner, Nr. 367. In den Tiden ehr de ampte öhr egen gerichte hadden entbrack öhnen nimmer hates oder kivendes unde unde de rahde hadde hyr althovele unleddigheit van. Eine Regeneration der Innungen von Seiten des Raths war ein dringendes Bedürfniss und erfolgte am Ende des dreizehnten Jahrhunderts. Ueber den Sieg des democratischen Princips vergl. Donandt 250 f. Oelrichs, Vollst. Sammlung der Gesetzbücher von Bremen, S. 61.

aus der Wahrscheinlichkeit entsprechen, dass 1284 die Volkspartei herrschte[1]), dass sie Bremen in jene Sonderstellung drängte und dass sich jetzt das aristokratisch regierte Lübeck mit gutem Recht verpflichtet fühlte, das anders berathene Städteglied zu züchtigen. Der Seezug drohte demnach hier üble Verwickelungen zu bringen. Damit in Verbindung, wenn auch von anderer Seite her veranlasst, ist das, am 21. April 1285 zwischen dem Erzbischofe einer-, Holstein, Lübeck, Hamburg und deren Bundesgenossen andererseits, abgeschlossene Friedensbündniss[2]), worin jener verspricht, für die urkundliche Einwilligung seines Kapitels sorgen zu wollen, die Stadt jedoch nicht erwähnt.

---

[1]) Duntze setzt den Ausbruch der Feindschaft zwischen Volk und Erzbischof schon in das Jahr 1275, also in das zweite Regierungsjahr des Erzbischofs, ohne irgend Belege anzugeben. Die Worte der historia arch. Brem. lassen einen grösseren Zeitraum vermuthen: Giselbertus cives Bremenses multum dilexit et seditiones inter ipsos ... ad concordiam revocavit, in tantum enim eos promovit ut a militibus rusticorum episcopus vocaretur quod postea totum in contrarium conversus. Am 8. März 1275 urkundet Giselbert in Bremen (Brem. U. B. I, Nr. 364) und am 25. October abermals (B. U. B. I, Nr. 371), dazwischen fallen zwei Verpfändungsurkunden desselben, ohne Ortsangabe, die eine dem Stader Archive, die andere dem Hoyer Urkb. entnommen, dahinein könnte also der Aufstand fallen (vergl. Nr. 365, 366), doch scheint der Zeitraum, mit der Erzählung der historia verglichen, viel zu knapp zu sein. Besser dürfte die Zeit nach dem 26. März 1281 passen (B. U. B. Nr. 400), zumal da Giselb. im October 1282 von Stade aus Bestimmungen de captivitate episcoporum erlässt, in denen er unter Anderem sagt: si nos ... capi contigerit; de pena captivantium episcopos etc. Dieselben tragen ein sehr subjectives Gepräge und sind entschieden aus den augenblicklichen Verhältnissen hervorgegangen, wie die Einleitungen lehren. Auch hier finden wir allerdings bereits am 29. October 1283 wieder eine erzbischöfliche Urkunde datum et actum Breme (Nr. 413 vergl. 416), dann aber keine solche wieder bis zum 23. Januar 1287 (Nr. 433). Sehr gut mit diesem späteren Ansatze des Aufstandes würde passen, dass gerade damals Reiner Brushavere, der Urheber desselben, auf Urkunden und als Rathmann vorkommt (Nr. 414, 420, 423, 463. Vergl. Lappenberg, Geschq. S. 17, Anm. 5). Vor 1286 erbaut Giselbert das feste Buxtehude: Lappenberg S. 19, Anm. 9. Duntze setzt S. 521 die Sühne zwischen Bremen und dem Erzbischof ins Jahr 1285, S. 597: 1286; er weiss von einer Ernennung von 9 Rathmännern, während in die 9 Jahre vor 1285 nur die gleiche Zahl gefallen; seine Quelle giebt er nicht an, die Wiederholung der Zahl ist verdächtig. Nach Roller, Versuch einer Geschichte Bremens II, S. 256 weihte der Erzbischof 1283 die Catharinen-Kirche, 1286 erbaute er das Palatium zu Bremen.

[2]) Hans. U. B. I, Nr. 973.

Ueberblicken wir die Parteigruppirung, wie sie sich am Anfange des Frühlings 1285 im Grossen und Ganzen herausgebildet hatte, so müssen wir zugestehen, dass es der umsichtigen, rührigen Politik der Städte wirklich gelungen war, Norwegen fast gänzlich zu isoliren und sich selber die denkbar breiteste Operationsbasis zu sichern. Voll Vertrauen durften sie gegen den überlegenen Gegner vorgehen.

— Nichts desto weniger sollte Wismar noch vor dem Schlusse dieses Jahres sagen können, seine Leute wären ausgezogen, ohne von einer anderen Seite, als von den wendischen Städten, von Wisby und Riga unterstützt worden zu sein[1]). Fragen wir nach der Ursache, durch die der Rostocker Bund, welcher so viele Theilhaber zählte, sich im Augenblicke der Entscheidung ohne alle Wirkungskraft erwies, so lautet die Antwort: die Sonderinteressen der Einzelnen waren mächtiger als der Bund. —

Hamburg, durch seine Verbindungen mit Lübeck sowohl als mit Bremen, in eine unangenehme Stellung gedrängt, war gerade zur rechten Zeit, im August des Jahres 1284, durch einen grossen Brand heimgesucht, der viele Verluste an Menschenleben und Gut verursacht hatte[2]). Der Wiederaufbau des Zerstörten musste zunächst alle Kräfte und Mittel in Anspruch nehmen, wodurch sich thatsächlich eine schwerlich unerwünschte Neutralität entwickelte, die auf den König von Norwegen einen so günstigen Eindruck machte, dass er zehn Jahre später die Hamburger mit Privilegien bedachte, welche sie mit den damals bevorzugten Bremern auf eine Linie stellten. — In Dänemark hatte die Betheiligung am Landfriedensbunde das üble Einvernehmen zwischen König Erich und Herzog Waldemar nicht beenden können, bis sich die hohe Geistlichkeit der Sache erbarmte. Wahrscheinlich unter dem von ihr ausgeübten Drucke traten im Mai 10 Männer zu Nyborg zusammen[3]), Adlige, wie es scheint, gemässigter Richtung, oder dem Könige freundlich, und fällten einen Schiedsspruch zum Vortheile des letzteren, dem sie sowohl Alsen, als auch die übrigen vom Herzoge geforderten Erbgüter zusprachen. Wer

---

[1]) Hans. Rec. Nr. 44.
[2]) Detmar in Grautoff, Lüb. Chron. I, S. 159. Wend. Chron. S. 411 unter 1281. Monum. Germ. Scr. XVI, S. 415 vergl. Anm. 44. Hamburgs Nichtbetheiligung am Seezuge ergiebt sich aus den Verhandlungen von Gullberg, Kalmar u. s. w.
[3]) Suhm X, 898—900. Munch IV, 2, S. 110, wo statt 12 zehn zu lesen ist.

sich dem Urtheile widersetze, den bedrohte der Erzbischof und ein Chor von 6 Suffraganen mit der Strafe des Bannes. Weder Jacob von Halland noch der Marschall Stig waren unter den Richtern gewesen, ja, ersterer scheint sich damals gar nicht in Dänemark sondern in Norwegen aufgehalten zu haben, während Herzog Waldemar verbittert denselben Weg einschlug, der hinüber führte zum Feinde. Dabei fiel er aber dem Könige in die Hände, der ihn auf Seeburg gefangen setzte, sein Schloss Tondern zerstörte und ihn zu einem schriftlichen Bekenntnisse seiner völligen Unterwerfung zwang. — Drängten diese Vorgänge Dänemark von jeder stätigen Politik gegen die Normannen ab, so sollte für die gefährlichsten Feinde derselben, für die Städte, das Entscheidende werden, dass im Herzen der Conföderation, in Mecklenburg, eine wüthende Fehde ausbrach zwischen den jungen Herren Heinrich und Johann und ihrem Oheim, Johann von Gadebusch, mit dem sich die Markgrafen, der Herzog von Sachsen, der von Lüneburg und die Grafen von Holstein verbündeten. Im Juni lieferten sie eine blutige Schlacht[1]). So war wieder der Krieger an die Stelle des Schöffen getreten, der Landfriedensbund war zersprengt, jeder musste selber sehen, wie er sich helfe; was konnten da noch Versicherungen, wie die Heinrichs von Werle austragen, als er behauptete, er sei mit den Städten durch so ständige Freundschaft und Eintracht verbunden, dass er ihnen mit all seinen Freunden helfen und sie nicht verlassen werde, so lange ein Athemzug in ihm lebe[2]).

Unterdessen hatten, bereits als noch der Winter über Meer und Land herrschte, die Reibereien zwischen den Städtern und den Norwegern begonnen; erstere hatten Kaper ausgesandt, welche norwegische Kauffahrer aufbrachten und die Normannen mit gleicher Münze heimgezahlt. Wie im vorigen Jahre war es wieder der Name Alf Erlingsons, der allen voranleuchtete, und wie im vorigen brach er auch in diesem über das Dänenreich herein, verheerte viele Inseln desselben und liess Horsnäs und Kalundborg das Schicksal Skanörs erfahren[3]); gewiss nicht blos als irrender Seeräuber, sondern abermals als halbofficieller Vorkämpfer für die norwegische Regierung, der viel daran gelegen sein musste, die Dänen vorzeitig schwer zu

---

[1]) Detmar in Grautoff, Lüb. Chron. I, S. 160. Rudloff, Handb. der meckl. Gesch. I, S. 76.

[2]) Hans. U. B. I, Nr. 976.

[3]) Annal. Esrom. in Langeb. Scr. I, S. 248. Hamsfort, Langeb. I, S. 293. Chron. Danor. Langb. II, S. 438.

treffen, um sie kriegsüberdrüssig zu machen, noch ehe ihre Verbündeten herangerückt waren. Schwerlich dachte man in Norwegen auch an ein ernsthaftes Auftreten der Städte; man wusste, wie misslich es mit der Haltbarkeit der Landfriedenseinung stehe, wie Bremen für alle Fälle eine Sonderstellnng einnehme, man selber die grösste und bestgeordnete Seemacht des ganzen Nordens sei und Flotten von 300—400 Langschiffen aufbringen könne [1]).

Dennoch und obwohl sich die Dinge jenseits der Meeresstrasse gegen alle Berechnung gestalteten, sollten sich die Männer am Königshofe von Bergen geirrt haben, indem gegen Ende des April 30 oder mehr grosse städtische Koggen mit starker Bemannung in die dänischen Gewässer einliefen. Herr Alf musste bei ihrem Nahen zurückweichen [2]). Um die Ostsee möglichst zu decken und jede Zufuhr von dorther abzuschneiden, postirten sie sich bei Helsingör in den Sund. Nach unserer zuverlässigsten, aber vaterländisch dänisch gefärbten, Quelle [3]) lagen sie dort acht Wochen, ohne etwas der Ueberlieferung oder des Lobes Würdiges vollbracht zu haben; nach dem lübischen Detmar thaten die Städter den Norwegern grossen Schaden und stellten ausser im Sunde auch an anderen Orten ihre Koggen auf. Letzteres ist annehmbar, Kaperschiffe werden auch auf der Nordsee gekreuzt haben, die grossen Verheerungen Norwegens aber, von denen der Lesemeister wissen will, müssen wir sicherlich seinem Patriotismus anrechnen, da dieselben dem Interesse der Kaufherren durchaus ferne lagen, einerseits, weil sie sehr kostspielig waren, indem sie beim nächsten Frieden in Abrechnung gebracht zu werden pflegten, andererseits, weil die Städte überhaupt nicht nach Krieg, sondern nach Frieden begierig waren, nach Anerkennung und thatsächlicher Beachtung ihrer Privilegien. Hieraus ergab sich als nächste Folgerung, denjenigen, von welchem sie jenes verlangten, möglichst

---

[1]) Dahlmann, II, S. 314.
[2]) Torfäus, IV, S. 374 berichtet etwas abenteuerlich: die wendischen Kaufleute armirten 30 Koggen; während sie Alf beim Sunde mehrere Wochen erwarteten, lief er in die Ostsee ein und raubte, wie so seine Art war, plünderte das befestigte Kalundborg und führte, bald Dänen, bald Deutsche heimsuchend, unermessliche Beute heim. — Die Zahl der Koggen tritt erst in das rechte Licht, wenn wir uns vergegenwärtigen, dass im Jahre 1369 die aus nahe an 80 Städten bestehende Hanse gegen das mit Norwegen verbündete Dänemark nur etwa 20 Koggen und 20 bis 30 kleine Sniggen entsendete.
[3]) Annal. Esrom. in Lagebeck. Scr. I, S. 248.

wenig zu erbittern, sich auf einen Defensiv-Krieg, verbunden mit Abschneidung der Zufuhr, zu beschränken; auf einen zweifelhaften durch Mord und Brand erworbenen Ruhm jedoch zu verzichten, nun gar, wo sie es mit einem Gegner zu thun hatten, der, in Wuth gebracht, äusserst gefährlich werden konnte. So vollführten denn die Städte ihren Seezug ganz im Geiste des Friedensbundes, ohne dass später bei den vielgewundenen Friedensverhandlungen jemals von Seiten Norwegens eine Schadenersatzforderung laut geworden wäre[1]). Einzelne Zusammenstösse blieben natürlich nicht aus, wie denn auch die Rostocker norwegische Gefangene verwahrt hielten[2]). Ob man am Hofe von Bergen officiell einen wirklichen Krieg zwischen dem Reiche und den Städten anerkannt hat, lässt sich nicht entscheiden; eine Urkunde Herzog Hakons, die er in Folge des Kalmarer Vergleichs ausstellte, uns aber nicht mehr im Originale, sondern nur in einer Handschrift aus dem 16. Jahrh. erhalten ist, trägt die erläuternden Worte: Dieser Rechtserlass geschah durch König Magnus von Schweden zwischen dem Könige von Norwegen und den Deutschen, um das, was Herr Alf gegen diese im Jahre 1285 verübt hatte[3]).

Anders muss das Verhalten der Dänen gewesen sein, indem die Königin Ingeborg das Verlangen stellte, dass der Schade, welchen sie den Normannen zugefügt hätten, abgerechnet werden solle[4]). Ja, das

---

[1]) Erich, der sich gegen Edward möglichst hart ausdrückt, schreibt, er habe gehört, die Deutschen hätten sich zusammengethan, regnum nostrum invadere. Rymer, II, S. 662. Der Herzog von Sachsen ist der einzige, welcher direct von Krieg redet, vergl. oben S. 62 Anm. 4. Ganz euphemistisch ist hier der Brief Lübecks an Edward gehalten. Lüb. U. B. II, 1010. In dem Briefe Wismars (Hanse Rec. I, Nr. 44) wird von Schiffen geredet, die ad impugnandum Normannos (nicht regem oder regnum Norwegie) entsendet seien, dies ist eben so zutreffend wie weiter unten nostris concivibus in insidiis jacentibus ... Magnus ... perpendens, quod ex tali dissensione possent hominum occisiones et animarum perdiciones provenire ... intercepit. Danach muss es noch ziemlich friedfertig ausgesehen haben. Im Compromiss zu Gullberg heisst es: super dissensionibus et causis; Hans. U. B. I, Nr. 985; in der Kalmarer Urkunde: discordia ex qua personarum pericula rerum dispendia non sine animarum discrimine provenerunt; Lüb. U. B. I, Nr. 484.

[2]) Lüb. U. B. I, Nr. 484, S. 443.

[3]) Anhang I, Urk. No. 1. Vergl. Torf. Hist. Norw. IV, 377, und den Brief Alfs, wo gleichfalls nur von persönlicher Fehde die Rede zu sein scheint.

[4]) Hans. U. B. I, Nr. 981.

Befremdlichste von Allem ist: zwischen den Städten und den Dänen scheinen Irrungen ausgebrochen zu sein. Wir vernehmen nämlich von städtischen Boten, die beim Dänenkönige erwartet wurden, um sich mit ihm auszusöhnen[1]), wir finden, dass die Deutschen bei den Friedensschlüssen mit den Norwegern auf ihren dänischen Verbündeten nicht nur keine Rücksicht nehmen, sondern sich jenen gar verpflichten, deren Feinden, die da Rechtfertigung versagten, d. h. den Dänen, nirgends Unterstützung angedeihen zu lassen, dass die Königin Ingeborg es noch während des Krieges für möglich hielt, Erich Glipping zu sich hinüber zu ziehen [2]). Was die Ursache dieses Umschlages war, lässt sich aus unserer mangelhaften Ueberlieferung nicht allseitig ergründen, doch gewährt uns das Schreiben eines dänischen Grossen wenigstens theilweise Licht. Es war der Drost Uffo, Ritter und Truchsess des dänischen Königs, diesem nahe stehend[3]) und Mitunterzeichner der Diplome, die den Beitritt Dänemarks zum Rostocker Friedensbunde bekundeten, welcher an Lübeck, Rostock, Stralsund und alle Seestädte die Klage der Stadt Lund und ganz Schonens meldete, dass Bürgern von Lund, die mit Waaren auf Norwegen gefahren seien, nach ihrer Rückkehr in einem dänischen Hafen an Schiff und Gütern durch die gegen die Norweger ausgesandten Mannen der Städter schwerer Schaden zugefügt worden. Er bittet um Rückerstattung des Raubes und Schadloshaltung, denn während wir gewillt sind, schreibt er, den Frieden mit Euch in Allem sorgsam zu wahren, wünschen und fordern wir ein Gleiches von Euch und den Euren, wie es sich ziemt[4])! — Das Schiff war Ende September 1284, also noch bevor Erich Glipping der Friedenseinung beitrat und in Folge dessen das Ausfuhrverbot erliess, nach Norwegen gesegelt, hatte dort, der Sitte gemäss, überwintert und war nun im Frühjahre heimgekehrt, da aber waren die städtischen Kaper über dasselbe, als vertragsbrüchig, hergefallen und hatten es in einem dem Könige

---

[1]) Ibid. koma ok þýðeskir menn … til Dana konongs … ok vilia sætazt þa se etc. von Munch, IV, 2, S. 105 übersetzt: Hvis der kom Gesandter fra de tydske Stæder til Danekongen for at indlede Forlig. In gleicher Weise Möbius, Altnordisches Glossar, sætta: vergleichen, aussöhnen.
[2]) Hans. U. B. I, Nr. 981.
[3]) Ergiebt sich aus seiner häufigen Anwesenheit beim Könige. Vergl. über ihn Suhm, X, S. 615, 622, 675, 626, 658, 659, 735, 775, 878, 879, 813.
[4]) Hans. U. B. I, Nr. 957.

von Dänemark, dem Verbündeten! gehörigen Hafen geplündert[1]), wobei es schwerlich sehr human hergegangen sein wird. Der Rechtsfall als solcher hätte dem Dänenkönige zur Lösung zugestanden, die Städter aber warteten sie nicht ab, sondern kamen ihr mit dem Schwerte zuvor — das musste verletzen. Aehnliche Fälle werden sich mehrfach ereignet haben, die Kaper überhaupt auch anderes als nur norwegisches Gut, als erwünschte Prise betrachtet haben. Ob nicht von dänischer Seite auch Vergewaltigungen der Städter vorgekommen sind, muss dahin gestellt bleiben.

So viel ist gewiss, dass man in Norwegen plötzlich zu einer ganz neuen, uns leider nur dunkel überlieferten, Politik griff, als die Kunde von der Annäherung der 30 Koggen einlief. Vielleicht weil Erich krank darniederlag, übernahm es die Königin Ingeborg mit zwei Vertrauten, den Bischof von Bergen und Bjarne Erlingson[2]), als Gesandte abzuordnen. Sie sollten erst zum Könige von Schweden gehen und einen Brief, nach Inhalt eines beigegebenen Concepts, von ihm zu erwirken suchen; misslinge dies, so sollten sie danach streben, eine Vereinbarung mit ihm zu Stande zu bringen, die so weit wie möglich mit dem Entwurfe übereinkomme, einen Artikel über besoldete Truppen ausgenommen; ferner sollten sie eine Zusammenkunft mit ihm für den 24. Juni verabreden. Von Schweden aus, ward ihnen vorgeschrieben, sich zum Dänenkönige zu begeben, dort zu untersuchen, zu entscheiden und die beiderseitigen Streitigkeiten und Beschwerden beizulegen unter einer Entschädigungssumme, die 6000 Mark nicht übersteigen dürfe, wofür sie zwei norwegische Inseln als Pfand setzen könnten. Ferner ist es ihre Sache, auch mit ihm eine Zusammenkunft zu verabreden, und zwar bis spätestens den 10. Juli. Träfen während ihrer Anwesenheit deutsche Gesandte ein, so sollten sie ihnen, unter Zusage sicheren Geleites vorschlagen, zuverlässige Sendeboden zum Vergleiche an den norwegischen König abzufertigen. Schliesslich sollten sie womöglich eine Uebereinkunft mit Erich Glipping zu erwirken suchen, der zufolge weder er noch der König von Norwegen einseitig einen Ausgleich mit den Deutschen herstellen dürfte. — Diese glücklich erhaltene Instruction der Ge-

---

[1]) Dass das Schreiben in das Jahr 1285 und nicht 1284 gehört, dürfte sich aus Obigem und dem Umstande ergeben, dass die Städte erst 1285 nuncii in dampnum Normannorum emiserunt.

[2]) Beides Männer vom höchsten Ansehen, Bjarne war Mitglied der Regierung, Munch IV, 2. S. 3.

sandten zeigt uns das Verhältniss Norwegens zu Dänemark plötzlich umgewandelt; war sonst die Rede von Zurückerstattung der Ingeborgschen Güter, so wird hier derselben gar nicht erwähnt, dafür aber den Dänen Bewilligung ihrer Forderungen in Aussicht gestellt und gar auf etwas hingewiesen, was kaum anders als ein Bund der beiden nordischen Mächte gegen die Städte gedeutet werden kann. Zum Verständnisse dürfte dienen, dass wir von Hungersnoth, Pest und Viehseuche erfahren, welche damals Norwegen heimsuchten; und ist es die Zeit, deren der königliche Bruder Hakon später als König gedenkt: da wir beide Brüder krank lagen, so war sie voll von Unordnung und selbst die Leibwächter mussten ihres Soldes entbehren[1]. Norwegens Natur hatte sich wieder als der schlimmste Feind seiner Bewohner erwiesen, das Reich war durch die Absperrung der Zufuhr, durch das Uebermass des von der Regierung in Angriff Genommenen, auf das tiefste zerrüttet, dennoch wollte diese nicht die Hoffnung an einen Umschwung aufgeben, bevor sie nicht versucht hatte, den Schwedenkönig und den von Dänemark auf ihre Seite zu ziehen; misslang dies, so war sie zu Friedensverhandlungen geneigt, doch, so weit wir sehen, zunächst zu solchen, auf denen nicht ihre verschiedenen Gegner gemeinsam auftraten, sondern wo sie jedem einzeln gegenüberstand: erst Magnus von Schweden, später Erich Glipping, wieder gesondert, womöglich auf norwegischem Boden, den Städten[2]. Ohne Frage konnten auf diese Weise noch die grössten Vortheile gewonnen werden.

Die umsichtige stätige Politik der Rathsherren war bereits in eine Richtung eingelenkt, die diesen letzten kühnen Griff des Norwegers vereiteln musste. Schon etwa im Mai, also ziemlich gleichzeitig mit der Abfertigung der Gesandten durch Königin Ingeborg,

---

[1] Nach der Vermuthung Dahlmanns II, S. 375, die ein wenig durch die Urkunde Ingeborgs unterstützt wird, aus der auch hervorzugehen scheint, dass es mit dem Solde der Truppen schlecht bestellt war. Thorkelin, Analecta S. 23 hat die lateinische Uebersetzung des norwegischen Textes. Vergl. Molbech, Tidskrift II, S. 496, 531.

[2] Dass Alle in Gullberg zusammenkommen sollen, ist eine nicht zu begründende Vermuthung Munchs IV, 2. S. 107, 108. Dass die Verhandlungen mit Schweden und Dänen an verschiedenen Tagen stattzufinden hätten, steht ziemlich deutlich im Briefe; der Umstand, dass den städtischen Boten sicheres Geleit zugesagt werden soll, deutet darauf, dass man sie in Norwegen erwartete, da in der Regel solches Geleit nur für das eigene Land, bezw. die eigene Küste bewilligt wurde.

hatten sie in Rostock eine Versammlung abgehalten, von der leider nicht mehr auf uns gekommen ist, als ein Schreiben Rostocks im Namen der Anwesenden[1]). Lübeck wird darin gebeten, dem Fürsten von Rügen zu gestatten, sich unbehelligt zum Nutzen und Gewinn der gemeinen Städte auf eine städtisch-schwedische Zusammenkunft nach Kalmar zu begeben, wo er, wie sie hoffen, als Obmann ihre Angelegenheit vorwärts bringen und würdige Genugthuung erlangen werde.

Wie am Hofe des dänischen Königs deutsche Sendeboden erwartet wurden, so sollten — unserem Briefe gemäss — solche auch zum Könige Magnus ziehen; sicher in der, bereits durch den Herrn von Werle angedeuteten Absicht, den Schwedenkönig, als den nächsten unparteiischen Nachbar der Normannen, als Friedensvermittler zu gewinnen, was denn auch, nach vielen Bitten, glücklich gelang. Die Besorgniss, dass ein längeres Zerwürfniss einen blutigeren Gang der Ereignisse herbeiführen, die Fehde räumlich ausdehnen könne[2]), that das ihrige. Viele Fürsten und Herren, allen voran der städtefreundliche Wizlav, unterstützten Magnus in dem Friedenswerke. Jener, der sich schon im Juni persönlich nach Schweden begeben hatte, er-

---

[1]) Ich setze diesen Brief und mithin die Versammlung gegen Koppmann, Hans. Rec. I, No. 40 und Hölbaum, Hans. U. B. I, No. 997 vor die Präliminarien zu Gullberg, weil es darin heisst, Wizlav wolle sich zum Nutzen der Städte nach dem schwedischen Kalmar begeben (se transferre) und wir ihn am 25. Juni (Hans. Rec. No. 36) wirklich beim Könige von Schweden in der angegebenen Richtung thätig finden. Wäre das Schreiben erst im September erfolgt, so müssten wir eine zweite Reise nach Schweden im Interesse der Städte annehmen, was an sich complicirter ist und durch das se transferre unwahrscheinlich wird, da wir dann gerne ein iterum oder dergleichen sähen. Auch passt zu dieser früheren Datirung der Satz Hans. Rec. I, No. 44 sehr gut, Magnus ... cum pluribus principibus (Wizlav: principes Ruynorum) ... per multas preces (werden in Kalmhr erfolgt sein) huiusmodi negotium de consensu parcium intercepit, vor den Tag von Gullberg fällt); nicht minder erhält das Wort induciæ des Briefes nun einen klareren Sinn, es bezieht sich auf die lübischen Kaper, die alle Schiffe, welche „ultra mare" fahren, auffangen; schliesslich erhält der Satz: quia speramus eum nostrum negotium dirigendo promovere, de illatis recompensam capiendo debitam et condignam, erst den nöthigen Sinn, der ihm nach den Verhandlungen zu Gullberg mangeln möchte, da dort die ganze Angelegenheit in die Hände von norwegischen und städtischen Judices gelegt war, zwischen denen Wizlav nicht mehr Platz hat.

[2]) Hans. Rec. I, No. 44.

wirkte vom Könige ein Schreiben, kraft dessen Johann Litla, dem dänischen Gesandten, den Sendeboten der deutschen Städte und denen, die Litla von Seiten des dänischen Königs bei sich habe, sicheres Geleit auf acht Tage zugestanden wurde, um sich an den schwedischen Hof zu begeben, dort zu verweilen, zu verhandeln und von dort wieder zurückzukehren[1]). Gewiss waren städtische Unterhändler auch schon in Dänemark thätig gewesen und hatten es — bei der factischen Unmöglichkeit einer Verbindung Dänemarks mit Norwegen, bis zu gewissem Grade von den norwegischen Gesandten gefördert — glücklich dahin gebracht, dass sich die Dänen gleichfalls an den Schwedenkönig wenden wollten. Bezeichnend ist die Person, die sie zum Zwischenträger wählten, Johann Litla; derselbe war Hauptmann in Lund, stand in guten Beziehungen zu Jacob von Halland, zu anderen Grossen und, wie es scheint, auch zu Lübeck; er war einer der Urtheilenden gewesen, welche 1284, auf dem Tage zu Nyborg, auf Herausgabe der Erbgüter der dänischen Königstöchter, unter denen sich Ingeborg von Norwegen und Sophie von Schweden befanden, entschieden hatten, während er im Mai 1285 unter den zehn Männern zählte, deren Spruch zu Ungunsten des Herzogs, zu Gunsten des Königs ausfiel[2]). Demnach scheint er selbst der vermittelnden Richtung des Adels angehört zu haben, vielleicht war er sogar ein Abgesandter des Reichsraths, den nur einige Männer aus der Umgebung des Königs begleiteten.

Jedenfalls war das Resultat vielseitiger, uns im Einzelnen nicht mehr erkenntlicher, Verhandlungen eine auf Johanni im schwedischen Gullberg angesetzte Conferenz, auf der sich unter dem Vorsitze des Königs Magnus die kriegführenden Mächte gemeinsam berathen sollten. Der anberaumte Ort ist beachtenswerth, er liegt auf der schmalen Ausbuchtung, mit der sich Schweden damals zwischen dänischem und norwegischem Gebiete hindurchzwängend das Kattegat berührte, also auf neutralem Boden in unmittelbarer Nähe der beiden kriegführenden Länder; zu Schiff leicht erreichbar.

Obwohl der Ueberwundene, scheint Erich die Absicht gehabt zu haben, dort mit dem ganzen Prunke eines Königs aufzutreten. Das Bergensche Kriegsschiff musste am Zuge Theil nehmen. Eine Zeit

---

[1]) Hans. Rec. I, No. 36.
[2]) Vergl. Suhm. Hist. af. Danm. X. S. 458, 459, 518, 614, 630, 659, 685, 704, 733, 743, 873, 878, 885, 899. Hans. U. B. I, No. 958.

lang wurde die Flottille von widrigen Wellen und Winden getrieben, gegen welche Gebete und Gelübde vergebens aufgeboten wurden; da trat der isländische Priester Gudmund Hallson zum Könige heran und schlug ihm vor, dem heiligen Bischof Jon seine besten Pelzkleider zu geloben; der König willigte ein und sogleich erhob sich eine frische Brise, welche sie in vier Tagen an den Ort ihrer Bestimmung führte[1]). Von Seiten der Städte hatten sich Abgesandte aus Lübeck, Wismar, Rostock, Stralsund und Greifswald eingefunden, durch welche die übrigen Städte, namentlich Wisby und Riga vertreten wurden. Von der Anwesenheit dänischer Bevollmächtigter, oder gar des Königs selbst, erfahren wir nichts.

Mancherlei Umstände werden bewirkt haben, dass der angesetzte Termin nicht genau inne gehalten wurde. Viel und verschiedenartig erwog man hin und her, ohne zu einem festen Schlusse kommen zu können, vornehmlich, weil ein Theil der Gesandten nicht mit ausreichenden Vollmachten versehen war. Endlich am 3. Juli stellte König Erich von Norwegen auf den Rath der Weisen seines Reiches, den städtischen Boten, in Gegenwart des Königs Magnus, eine Urkunde aus[2]), der zufolge er zwei erwählte Männer als Schiedsrichter mit zwei passenden Bevollmächtigten am 29. September nach Kalmar senden will, wo sie unter der Obmannschaft des Schwedenkönigs mit den zwei Richtern, welche jede der Städte vertreten, über die Beschwerdepunkte einzeln berathen und beschliessen sollen. Eine Bestimmung, welche aussagt, dass die Städte nicht gemeinsam als Bund, sondern als gesonderte, gleichbetheiligte Glieder auftraten[3]). In den Sachen, worin man nicht übereinkommt, hat Magnus als Oberrichter zu urtheilen. Alle am Orte bekannten Fälle müssen innerhalb eines Monats entschieden werden, was dort nicht anhängig gemacht, soll nachträglich auf einer, zwischen den Königen von Norwegen, Schweden und Dänemark, am 1. Juli 1286 in Gullberg statt findenden, Zusammenkunft in derselben Weise zum Austrage gelangen.

---

[1]) Munch IV, 2. S. 106, 107.
[2]) Hans. U. B. I, No. 985.
[3]) Qui judices una cum duobus viris discretis, quos quevis civitas pro se et suis civibus judices elegerit .. discutere possunt ... et quicquid judices cuiuslibet civitatis una cum nostris concorditer fecerint. Die Ausdrucksweise des Königs Magnus ist dagegen ungenau: duo ex parte regis norwegie et duo ex parte dictarum civitatum. Lüb. U. B. I, No. 484, 479.

Wer vom Könige oder den Richtern zu einer Geldstrafe verurtheilt wird, hat dieselbe innerhalb eines Jahres zu entrichten. König Erich und sein Bruder Herzog Hakon schwören deren Beschlüsse nach Kräften vollführen zu helfen und die gefangenen Städter mit ihren Sachen frei heimkehren zu lassen. Vom achten Tage an, nach dem nächsten Jacobi, dürfen die Kaufleute sicher nach Norwegen kommen, dort Handel treiben und der alten Freiheiten geniessen, falls sie den norwegischen Bürgern dasselbe innerhab ihrer Städte zugestehen und Norwegens Feinden, die den König und sein Reich rechtlos bekriegten und Gerechtigkeit verweigerten, d. h. den Dänen, nicht irgend welchen Vorschub leisteten. Wird aber ein Norweger durch die Städter beleidigt, muss ihm nach den betreffenden Gesetzen Genugthuung zu Theil werden. Das Gleiche gilt für Riga und Wisby, welche Lübeck vertrat, und für die anderen Städte, die sich einem solchen Schiedssprache unterwerfen wollen. — An demselben Tage urkundete König Magnus, er werde sich des Schiedsrichteramtes nach bestem Vermögen unterziehen; und Erich einige Tage später, dass er eine Ausfertigung seines Erlasses vom dritten Juli für jede der dort namhaft gemachten Städte zum Termin nach Kalmar senden wolle, wofern eine jede Stadt ein entsprechendes Diplom ausstelle [1]). Wieder ein Beweis von dem neben einander Gehen der Deutschen. Auch in Betreff dreier holländischer Orte, nämlich Kampens, Staverns und Gröningens, haben die Sendeboden zu Gullberg verhandelt, ob sie in den Friedensschluss aufgenommen werden könnten, wenn sie, wie die anderen Städte, auf den König von Schweden compromittirten, ohne dass jedoch hierin ein Abschluss erreicht wäre [2]).

Wie locker sich der Bund der wendischen Städte in diesen Präliminarien officiell erweisen mochte, so hatte er nichts desto weniger den Beweis geliefert, dass er in Wirklichkeit bestehe, dass er stark genug sei, um kriegerisch und ehrenvoll gegen eine Grossmacht auftreten zu können; durch gemeinsamen Seezug und gemeinsame Kosten war er gefestigt, und mit den westfälischen und holländischen Städten war er in Verbindung getreten. Wohl durften seine Glieder mit Befriedigung auf die jüngsten Ereignisse zurück, mit grossen Hoffnungen und gehobenem Muthe in die Zukunft blicken.

Der Verabredung gemäss traten am Michaelistage (29. Septem-

---

[1]) Hans. U. B. I, No. 986, 987.
[2]) Hans. U. B. I, No. 993.

ber) die Abgeordneten der Städte Lübeck, Rostock, Wismar, Stralsund, Greifswald, Riga und Wisby Vollmachten und alles Nöthige bei sich führend, mit denen des norwegischen Erich vor König Magnus in Kalmar zusammen [1]). Abermals liess sich keine Einigkeit erzielen, weswegen die Parteien auf Magnus compromittirten, der innerhalb eines Monats, vom 18. October an zu rechnen, sein Schiedsurtheil fällen sollte, dem bei Strafe von 20,000 Mark reinen Silbers nachzukommen sei. Derselbe traf nach reiflicher Ueberlegung am 31. October seine Entscheidung dahin: Zwischen den streitenden Parteien soll in Zukunft ohne Falsch und Trug stätige und immerwährende Eintracht und Freundschaft bestehen. Alle noch in Norwegen vorhandenen Güter, welche den Kaufleuten entzogen worden, sollen nach Bergen geschafft werden, wo sie bis zum nächsten Johannis abgefordert werden können. Das Reich hat den deutschen Städten 6000 Mark norwegisch innerhalb eines Jahres, vom nächsten Johannis an gerechnet, in Tunsberg zu zahlen, welche unter die Geschädigten zu vertheilen sind. Stralsund, das einstmals den nunmehr regierenden König Erich beleidigt, und Rostock, welches über die Abmachungen von Gullberg hinaus Gefangene bei sich zurück behalten hat, sollen sechs Gesandte mit Briefen senden, um demüthig um Verzeihung zu bitten. Normannen und Deutsche dürfen wechselseitig, wie einheimische Bürger, von jedermann unbelästigt zu allen Tageszeiten Handel treiben, es sei denn, dass ein allgemein bindendes Verbot dem entgegen stehe. Wird eine Person von der einen Partei durch eine der anderen beleidigt, so ist es zu sühnen, als sei ein Bewohner des eigenen Ortes verletzt und zwar spätestens innerhalb eines Monats, nachdem deswegen Briefe erlassen. Die den Städten von Erich und dessen Vorgängern ertheilten Privilegien bleiben in Kraft, wozu ihnen ferner verwilligt wird, dass sie der Gesetze wie Staatsangehörige geniessen und weder vom Amtmanne, noch sonst Jemand vorgefordert werden dürfen. Den Kaufleuten steht es frei, an der Brücke jedes norwegischen Hafens ohne Erlaubniss des Amtmannes anzulegen, doch ist für die Ausladung der Schiffe eine Erlaubniss einzuholen. Verletzen oder beleidigen sich einzelne Personen gegenseitig, so soll dies nach den Gesetzen oder Ortsgewohnheiten geschlichtet werden, unbeschadet des Friedens; wenn aber Jemand sich mit Anderen verbindet und eine Person beraubt, so

---

[1]) Hans. U. B. I, No. 993. Hans. Rec. I, No. 44.

darf ihn die andere Partei nicht mit Rath und Hülfe unterstützen. Wer dagegen handelt, wird bestraft, und zwar mit 20,000 Mark Kölnisch [1]), unbeschadet des Friedens. Wenn der König der Dänen unter dem Vorgeben, ihm sei vom Könige von Norwegen Beleidigung angethan, die Hülfe der Städte anruft, so müssen dieselben dem Könige von Norwegen Briefe senden, dass er dem der Dänen Gerechtigkeit erzeige. Wenn darauf der König von Norwegen einen Tag zur Conferenz mit dem Könige der Dänen ansetzt und sich zur Aufrechterhaltung der Gerechtigkeit bereit erklärt, sollen die Städte jenem nicht helfen, noch sonst etwas gegen den König von Norwegen unternehmen. Sobald die Herrscher zusammengekommen sind, werden drei Schiedsrichter ernannt; fällt deren Entscheidung für Norwegen aus, dürfen die Städte nicht die Dänen gegen dasselbe unterstützen, entscheiden sie sich aber für Dänemark, so mögen die Städte ihm helfen, wenn sie wollen, doch in der Weise, dass trotz des Krieges Städter und Norweger unbehelligt in die Heimath zurückkehren dürfen, innerhalb eines Monats nach dem Schiedsspruche. Wollen Etliche an dem Orte bleiben, wo sie sind, wird es ihnen bis zum Ende des Krieges verstattet. Leisten die Städte den Dänen innerhalb acht Jahre keine Hülfe, dürfen sie Niemandem mehr gegen den König von Norwegen beistehen, ausser ihren Landesherren. Bei Bündnissen sollen die Städte den König von Norwegen, der König von Norwegen die Städte von der Feindschaft ausnehmen. Wer gegen diese Entscheidung handelt, hat 20,000 Mark feinen Silbers zu zahlen. Was die Städte Kampen, Stavern und Gröningen anbetrifft, um deren Aufnahme in den Vergleich die Sendeboden abermals in Kalmar verhandelten, so steht derselben nichts im Wege, wenn sie den Königen von Norwegen und Schweden bis Johannis Briefe senden, dass auch sie auf letzteren compromittiren wollen. Alsdann soll auch ihnen Recht zukommen und das, was zwischen dem Könige von Norwegen und den drei Orten schwebt, darf vor König Magnus zur Entscheidung gezogen werden. Compromittiren sie bis Johannis nicht auf ihn, so sollen die wendischen Städte, Wisby und Riga ihre Waaren nicht in Schiffe der drei holländischen Städte verladen, was auch für diese jenen gegenüber gilt, damit die Sicherheit des Friedens zwischen den Verbündeten und Norwegen möglichst aufmerksam gewahrt werde. Ist etwas zweifelhaft oder dunkel geblieben, so behält Magnus ein

---

[1]) Vergl. Anhang I, S. 111.

Jahr lang das Recht, die festgesetzten Artikel zu interpretiren und zu erklären. — In einer besonderen Urkunde wiederholt dieser jene Vereinbarungen des Königs von Norwegen mit den Städten, die für den Fall eines Krieges zwischen Norwegen und Dänemark getroffen waren[1]), woraus zur Genüge erhellt, für wie wichtig man sie hielt, d. h. dass man einen solchen Krieg als in Aussicht stehend erachtete; während andererseits die enormen Strafsummen bei Uebertretung der Satzungen erhärten, welch' grosses Gewicht auf strenge Wahrung des Friedens gelegt wurde. In dieselbe Richtung weist es, wenn Herzog Hakon die Entscheidungen des Königs Magnus, zumal die den Handel und Frieden betreffenden, bestätigt; die Deutschen dürfen sich in Norwegen verantworten wo und dürfen ziehen, wohin sie wollen, bleiben aber immer den norwegischen Gesetzen unterworfen[2]). Den Artikel des ungehinderten Handels bestimmt der König von Schweden noch näher dahin, dass er zwar im Allgemeinen beobachtet werden müsse, doch mit der Beschränkung, dass Norweger, welche zu den Städten kommen, keine Waaren auf Wagen kaufen dürfen und die Bürger der Städte keine von den Schiffen in Norwegen[3]), was mit anderen Worten heist: den Bewohnern der Seeplätze soll möglichst der Zwischenhandel zwischen Eingebornen und Fremden gewahrt bleiben.

Der Vertrag von Kalmar bezeichnet das Ende der voraufgegangenen Feindseligkeiten zwischen den Norwegern und Städtern. Nunmehr konnte der deutsche Schiffer wieder unbehelligt Sund und Nordsee durchsteuern, konnte der deutsche Kaufmann wieder von Neuem einsetzen, um sich durch die Macht der Arbeit, der Intelligenz und des Capitals den gesammten Norwegischen Handel zu unterwerfen. Mit der Wiederherstellung der friedlichen Entwickelung ist aber auch im Wesentlichen die Bedeutung des Kalmarer Uebereinkommens erschöpft. Noch zitterte vermerklich die Furcht vor einem neuen Zerwürfnisse nach, dessen Verhinderung als erste und nothwendigste Aufgabe erscheinen musste und sich einer genauen, specialisirten Regelung des zukünftigen Verkehrs gebieterisch entgegen stemmte. Die Freiheiten des deutschen Kaufmannes würden in Kalmar wesentlich auf den status quo zurückgeführt; er hatte nach

---

[1]) Hans. U. B. I, No. 994.
[2]) Anhang I, Nr. 1, S. 110.
[3]) Hans. U. B. I, No. 995.

wie vor beim königlichen Beamten sein Recht zu suchen. Von Beschränkung der Küstenfahrt auf die Gewässer südlich von Bergen ist allerdings ebenso wenig, wie von der des Handels auf den Sommer die Rede, die Wendungen der Urkunden sind möglichst allgemein, ja, so gehalten, dass man glauben möchte, die Normannen hätten auf beide Verzicht geleistet, die Städte scheinen dies auch herausgelesen zu haben, doch schon die nächste Zukunft sollte ihnen zeigen, dass man in Bergen der entgegengesetzten Auffassung lebe. Wahrscheinlich war beim Friedensschlusse der Sache wegen verhandelt, ohne dass ein Uebereinkommen erzielt worden.

In Kalmar wären nur Sendeboten der sieben kriegführenden Orte zugegen gewesen, die von den übrigen, nach Norwegen Handel treibenden Städten, nicht mit hinreichenden Mandaten und Vollmachten versehen, sich von dem Verluste derselben und ihren sonstigen Verhältnissen nicht genau unterrichtet wussten. So vermochten sie denn in deren Interesse vorerst nichts weiter zu thun, als den König von Schweden zu bestimmen, sich auch ihrer Sache als Schiedsrichter anzunehmen. — Wismar und sicherlich auch die anderen wendischen Städte [1]) — was wieder auf ihr gesondertes Vorgehen deutet — sandten deswegen einen Bericht an eine Reihe westfälischer und holländischer Ortschaften, unter denen sich die bereits wiederholt genannten Gröningen, Stavern und Kampen befinden, während weder Hamburgs noch Bremens Erwähnung geschieht. Wismar weist darauf hin, wie es hoffe, dass viele Städte, die an den errungenen Privilegien theilnehmen wollten, bei Deckung der zu ihrer Erreichung verursachten Kosten behülflich sein würden, obwohl sie sich nicht am Seezuge betheiligt hätten. Wenn sie damit einverstanden wären, den König von Schweden als Schiedsrichter anzuerkennen, so sollten sie vor dem 24. Juni Boten und Briefe an ihn senden, worauf sie von ihm einen Termin für ihre Rechtsgeschäfte angesetzt erhielten, auf welchem die Normannen nicht fehlen würden, wie sie erklärt hätten. Wahrscheinlich haben die Seestädte auch noch an mehrere jener Ortschaften gesondert geschrieben, unter anderem auch an Kampen, dem sie ihre Verwendung für dasselbe in Kalmar auseinandersetzten, in Folge dessen sie eine Antwort erhielten [2]), worin jenes Gemeinwesen ihnen aufrichtig für die Fürsorge Dank sagte, welche sie ihm so leutselig zuge-

---

[1]) Hans. Rec. I, No. 44, vergl. S. 24. B.
[2]) Hans. Rec. I, No. 45. Hans. U. B. I, No. 997.

wendet hätten und versprach auf ihren und anderer Freunde Rath, Boten nach Schweden senden zu wollen, welche die Städte doch möglichst unterstützen möchten. Kampen wird Wort gehalten haben, wir vernehmen, dass es am 15. October 1286 durch seine Gesandten mit dem Könige Erich für sich und seine Parteigänger volle Uebereinkunft schloss[1]).

Unterdessen hatten sich wieder die dänischen Verhältnisse in den Vordergrund geschoben, bis sie eine blutige Lösung fanden. Wir sahen bereits, wie König Erich Glipping weder an den Gullberger Präliminarien, noch an dem Vergleiche von Kalmar Theil genommen, wie die Verhältnisse zwischen ihm und seinem norwegischen Verwandten sich wieder bedrohlich gestalteten, die Städte eine unparteiische, zur Vermittlung neigende Haltung einnahmen. Mit diesen Dingen im Zusammenhange steht es, dass einerseits Erich von Norwegen den dänischen Unterthan Jacob von Halland zum Ritter erhob[2]), andererseits Erich Glipping den gefangenen Herzog Waldemar zu dem Gelöbnisse zwang, dem Könige auf Befehl bei jedem Kriege zu Hülfe zu kommen, kein Bündniss mit irgend jemand einzugehen, der dem Reiche Schaden zufügen könne, und habe er solchen Bund bereits geschlossen, solle er ihn kündigen[3]). Schon hatte der Norweger vom englischen Könige 2000 Mark Sterlinge zugesagt erhalten, schon in Island ein Kriegsaufgebot ergehen lassen[4]), da schien dem Dänenreiche auch noch ein anderer Gegner erwachsen zu wollen, der am wenigsten für solch' eine Rolle angethan schien: die deutschen Städte.

Diesen nämlich waren von den königlichen Beamten Rechte und Vergünstigungen, in denen einst Waldemar und seine Nachfolger sie beschützt hatten, verkürzt und sie an Personen und Gut gekränkt worden; dazu kam noch, dass auch dänische Küstenbewohner sich an gestrandetem lübischem Gut vergriffen hatten. Die Städte traten deswegen zu einer Versammlung zusammen, auf der sie den Beschluss fassten, durch eine Botschaft um Abhülfe zu bitten; zugleich wandten sie sich an den Prior der Johanniter in Dänemark, empfahlen ihre Sache und baten, sie nach bestem Vermögen beim Könige zu vertreten[5]). Derselbe handelte demgemäss und erhielt eine beruhigende

---

[1]) Diplom. Norweg. V, No. 47.
[2]) Munch IV, 2. S. 111.
[3]) Suhm. X, 923, 924.
[4]) Munch IV, 2. S. 127 ff.
[5]) Hans. U. B. I, No. 1010, 1011, 1012.

untersiegelte Antwort von den Grossen des Reiches. Im nächsten Februar sollten städtische Sendeboten nach Seeland an den König abgeordnet, die Sache womöglich zum Austrage bringen. — Es kam nicht mehr dazu, indem verkappte Mörder am 22. November den schlafenden Herrscher überfielen und mit unzähligen Dolchstichen durchbohrten. Jedermann nannte Jacob von Halland und den Marschall Stig als die vornehmsten Verbrecher und mancher warf auch auf den leidenschaftlichen Erich von Norwegen den Verdacht heimlicher Mitwissenschaft. Wie weit derselbe gerechtfertigt ist, lässt sich nicht feststellen, seine Parteinahme für die Mörder jedoch klagt ihn laut und vernehmlich an.

Dieses Ereigniss, welches einen siebenzehnjährigen Knaben auf den wankenden Thron brachte, war im Stande, eine völlige Umgestaltung der Dinge herbeizuführen. Fast Alles hing von der Haltung der Städte ab, schlugen sie sich zu dem Priesterfeinde, so konnte das Reich Waldemars aus den Fugen gesprengt werden. Sie haben es nicht gethan; sie zeigten sich würdig und politisch tactvoll, indem sie die Königsmörder zurückwiesen und eiligst Gesandte nach Dänemark abgehen liessen, um die schwebenden Streitfragen beizulegen. Was Wunder, dass der unmündige Erich Menved und seine Mutter warme Danksagungen an Lübeck schickten, dass sie sich ihre Beschwerden angelegen sein liessen, sicheres Geleit und vollen Ersatz versprachen und zu erwirken strebten[1]?

So waren denn die aufsässigen Grossen und der Norweger wieder auf sich allein angewiesen. Der Tod der Königin Ingeborg konnte ihr Beginnen nicht hindern; als die Königsmörder friedlos erklärt waren, fielen sie und ihr königlicher Beschützer über das zerrüttete Dänemark her und setzten Bauer und Bürger den rothen Hahn auf das Dach, diese Beschäftigung alljährlich wiederholend. Dazu gesellten sich eine Fehde gegen den mächtigen, immer trotziger und gewaltthätiger auftretenden Alf Erlingson und neue Verwickelungen in Schottland, herbeigeführt durch den plötzlichen Tod König Alexanders, während gleichzeitig noch die Wehen des Kirchenstreites nachzitterten, vom Papst ein neuer Erzbischof für Drontheim ernannt wurde.

Es ist nur zu erklärlich, dass unter solchen Umständen eine ängstliche Leere in der königlichen Kasse herrschte, die es Erich, selbst bei gutem Willen — an dem es gewiss gebrach —, unmöglich

---

[1] Hans. U. B. I, No. 1012, 1013, 1018, 1020, 1023, 1024, 1025, 1027, 1031.

machte, jene verhältnissmässig geringe Summe von 6000 Mark, zu der er als Schadenersatz vom Könige Magnus verurtheilt worden, den Städten zu zahlen. Norwegen war an sich arm. Selbst der päpstliche Bevollmächtigte klagte über den dort herrschenden Mangel an gemünztem Gelde, worauf ihn der Papst anwies auch Naturalgaben anzunehmen, und dieselben so gut als möglich in Geld zu verwandeln[1]).

Als am festgesetzten Johannistage die Bevollmächtigten von Lübeck, Wismar, Rostock und Stralsund in Tunsberg eingetroffen waren[2]), die entfernteren Orte Wisby und Riga aber, und das kleinere Greifswald, wohl in dem Glauben, dass die Vertretung durch jene vier ausreichend sei, es an Gesandten hatten fehlen lassen, war es für Erich sehr bequem, sechs Tage hinter einander auf sie zu warten und dann in einer Urkunde zu versichern, er werde am 8. September des folgenden Jahres den Agenten der sieben Städte das Geld vollständig und ohne Schwierigkeiten in Tunsberg einhändigen. Sollte aber der Fall eintreten, dass einige der Agenten ausblieben, werde er es den Angekommenen dennoch ganz auszahlen, doch so, dass die Städte, welche dasselbe in Empfang nähmen, schriftlich Bürgschaft gäben, durch die er frei von Schuldforderungen der anderen Städte, denen ein Theil des Geldes zukomme, erklärt werde. Für den Fall, dass diese deswegen den Norwegern hinderlich in den Weg treten sollten, haben die übrigen Städte mit bewaffneter Hand für Erich und die Seinen zu interveniren. Zum Schlusse ratificirt er den Schiedsspruch des Königs Magnus.

Von Tunsberg aus scheinen sich die lübischen Sendeboten nach Aslo zum Herzoge Hakon begeben zu haben, wenigstens liegt uns ein Schreiben desselben vom 19. August 1287 vor, worin er die Travestadt seiner Friedensliebe versicherte, den Wunsch aussprach, dass die ungezügelten Verwegenheiten — die also immer noch vorkamen! — ein Ende erreichen möchten und der friedliche Handel unter seiner Gunst gedeihe[3]). Er sagte Allen, die in sein Herzogthum kämen, Schutz zu und Genuss der früheren Privilegien, wobei er sich der fünf wendischen Städte vor Allen annahm. Gleichzeitig scheint er einen Befehl an seine Beamten und den Schlossvogt

---

[1]) Zorn, Staat u. Kirche, S. 260.
[2]) Hans. U. B. I, No. 1026.
[3]) Hans. U. B. I, No. 1030.

von Aslo erlassen zu haben[1]), die deutschen Kaufleute gegen jede Unbill zu schützen, dessen Wortlaut uns jedoch nicht mehr erhalten ist.

Trotz der Versicherung, die Erich am 5. Juli gegeben hatte, mochten es die Städte dennoch für gerathen erachten, jeden etwaigen Vorwand abzuschneiden, aus welchem Grunde wahrscheinlich Wismar, Riga, Greifswald und Wisby dem Könige Urkunden ausstellten, in denen sie eine der drei anderen Städte zu Bevollmächtigten für die Eincassirung des Geldes ernannten. Erhalten ist uns allerdings nur ein solches Schreiben von Wisby, welches Lübecks Sendeboten zu Procuratoren desselben, mit unumschränkter Vollmacht, ernennt[2]).

Der Vereinbarung gemäss fanden sich die Abgesandten von Lübeck, Rostock und Stralsund am 8. September in Tunsberg ein[3]). Hier zahlte ihnen des Königs Bruder Hakon von der Schuld jener 6000 Mark 2870 Mark Pfennige aus; für den Rest verwilligten die Boten Aufschub bis Mariä Geburt des nächsten Jahres, wofür ihnen der Herzog im Namen des Königs Zollfreiheit beim Heeringsfange während des bevorstehenden Winters gewährte, die aber in der Weise andauern sollte, als der Zahlungstermin nicht beobachtet werde. Damit jedoch Andere sich dieses Vorrechtes nicht bedienen könnten, soll jeder Schiffer offene Briefe seiner Stadt mitbringen, in denen der Rath bezeugt, dass der Betreffende den begünstigten Städten angehöre. Wenn aber die Schiffer in diesem Jahre noch kein solches Zeugniss mit sich führen, oder beibringen können, müssen sie durch den Eid zweier Ehrenmänner erhärten, dass sie Bürger jener Ortschaften seien. Auch Hakon bestätigte den Schiedsspruch des Königs von Schweden. — Aus der geringen Baarzahlung und der Ertheilung jenes Privilegiums, welches die Städte leicht ausbeuten konnten, dürfte deutlich erhellen, dass Erich sich gerne seiner lästigen Verpflichtung entledigt hätte, wenn er nur im Stande dazu gewesen wäre. Es lag ihm gewiss viel daran, die Kaufleute nicht den befehdeten Dänen in die Arme zu treiben und schwerlich ohne Grund hatte er den versöhnlich gesinnten Bruder zum Unterhändler gewählt.

Wie dringend er gerade jetzt, wo ein grosser Theil seines Volkes

---

[1]) Lüb. U. B. II, No. 65. Höhlbaums Ansicht, Hans. U. B. I, No. 1030. Anm. 2 können wir nicht ohne weiteres beiflichten.
[2]) Hans. U. B. I, No. 1041.
[3]) Hans. U. B. I, No. 1045.

durch den Krieg von Gewerbe und Ackerbau abgehalten wurde, der deutschen Zufuhr benöthigt war, ist aus einem Erlasse zu schliessen, den er und sein Bruder Hakon den Lübeckern im August des Jahres 1289 ausstellte. Er versicherte diesen darin, ungefährdet mit Waaren und Lebensmitteln zu seinem Heere kommen zu dürfen und sie für die Verluste, die sie dort etwa erlitten, schadlos halten zu wollen[1]). Welche Stellung Lübeck zu den beiden raufenden Völkern eingenommen hat, lässt sich nicht nachweisen; die Herren von Werle, Wenden und Rostock scheinen sich zu den Dänen hinüber geneigt zu haben, wenigstens finden wir, dass Erich Menved ihnen 2500 Mark, in Gütern oder Land, auf dem Reichstage zu erwirken verspricht, wenn sie den Norwegern auf zwei Jahre weder Vorschub noch Unterstützung erweisen und den Helfern Dänemarks kein Hinderniss in den Weg legen würden[2]). Dem entsprechend urkundete der Dänenkönig denn auch im März des Jahres 1290 für Wismar[3]), nicht aber für Lübeck oder den Städtebund im Allgemeinen.

Doch auch die Beziehungen zwischen den Seestädten und Norwegen gestalteten sich nicht so innig, wie man nach dem Abschlusse des Kalmarer Vergleichs erwartet haben mochte. Theils stand diesem die Nichterfüllung desselben durch die norwegische Regierung, mehr noch die immer allgemeiner um sich greifende Unordnung, welche sich, wie gewöhnlich, in wüstem Seeräuberwesen äusserte, im Wege. Einen Beweis, wie weit es Geldgier und Verwilderung treiben konnte, mag das Folgende liefern. Als im Jahre 1290 Männer mit einer nicht unbedeutenden Summe päpstlichen Zehnenertrags und einigen Waaren von der Küste Norwegens nach Flandern fuhren, wurden mehrere Uebelthäter nach ihren Schätzen lüstern, beriethen sich unter

---

[1]) Hans. U. B. I, No. 1059. Höhlbaums Ansicht, dass exercitus hier Volk und Land bedeute, können wir nicht theilen, weder lässt sich, meines Wissens, jener Sprachgebrauch in Norwegen überhaupt nachweisen, noch ist er am Ende des 13. Jahrhunderts noch geläufig, wo der ursprüngliche Begriff des exercitus längst verloren war. Waitzens letztes Beispiel, Verfg. I, S. 337, Anm. 4 sagt ausdrücklich totius exercitus qui ibidem in castris erat aggregatus. Auch hier ist es das in Waffen stehende Volksheer, mit dem der König gegen Dänemark ausgezogen war, welches natürlich der Zufuhr bedurfte; schon die Ortsangabe apud Grönesund ist bezeichnend. Vergl. Munch, IV, 2. S. 159.

[2]) Meckl. U. B. III, No. 2079.

[3]) Hans. U. B. I, No. 1063.

einander und fielen in dunkler Nacht über sie her, tödteten etwa elf von ihnen, warfen ihre Leichname über Bord und setzten sich in den Besitz des Geldes und der Waaren. Selbstverständlich war man in Rom auf's äusserste entrüstet; der Papst wandte sich dringend an den Erzbischof von Bremen und den Rath dieser Stadt, sowie an den deutschen König Rudolf, um Bestrafung der Räuber und Wiedererstattung des Geraubten zu erlangen [1]).

Konnte so gegen Personen verfahren werden, die unter dem Schutze der Curie standen, dann darf es nicht Wunder nehmen, wenn auch der seestädtische Kaufmann weder seines Gutes noch seines Lebens sicher war, wenn von Piraten — und, wie es scheint, von vornehmen — berichtet wird, die sich im Frühjahr 1292 an der norwegischen Küste versammelten [2]), wenn selbst königliche Beamte keinen Anstand nahmen, die Handeltreibenden auszubeuten. Dies ergiebt sich aus drei Schreiben König Erichs und Herzog Hakons, worin sie den Lübeckern, Stralsundern und den Bürgern von Wismar, die durch ihre Schlösser Hunals und Hialm ziehen würden, Schutz an Leib und Ladung ertheilten [3]). Dem Grafen von Halland und dem Marschall Stig trugen sie auf, ihnen zu gestatten, die in jenen Orten ausstehenden Schulden eintreiben und Waaren dahin führen zu dürfen, ohne dass die Burginsassen, weder Commandanten noch Vögte, ihnen etwas gewaltsam nähmen, sondern den vereinbarten Preis sofort beim Kaufe bezahlten. Ist es den Städtern nicht genehm, die Waaren dort abzusetzen, so dürfen sie dieselben frei hinwegführen. — Kurz darauf ertheilte Hakon an Wismar und Greifswald, wahrscheinlich auch den anderen wendischen Städten, auf Bitten ihrer Boten, eine Bestätigung des Kalmarer Uebereinkommens und mehrere Gerechtsame; so befreite er sie von der Pflicht, dem Vollzuge eines Todesurtheils auf der Richtstätte beizuwohnen, gestattete ihnen die Niederlage ihrer Waaren beim Heeringsfange, die Hebung einer Erbschaft in Norwegen durch einen von der Stadt bevollmächtigten Boten, auch bestimmte er das Verfahren gegen Verkäufer verfälschten Mehls und anderer gefälschter Waaren, zu deren Rechtfertigung ein Eid und die Zurückgabe des Geldes genügen sollte [4]).

Aus allen diesen Briefen erhellt wieder, wie die wendischen

---
[1]) Diplom. Norw. VI, No. 59. Zorn, Staat und Kirche, S. 260.
[2]) Hans. U. B. I, No. 1114, 1115.
[3]) Hans. U. B. I, No. 1097, 1098, 1099.
[4]) Hans. U. B. I, No. 1101, 1102.

Städte keineswegs in Gemeinschaft, sondern jede neben der anderen, handelten, und wenn sie auch, zumal in Betreff der Fälscher, besser gestellt waren, als die eingeborenen Norweger[1]), so sollten solche Vergünstigungen doch nur zu schlagend gegen die im Juli desselben Jahres den Bremern ertheilten zurückstehen.

Wir haben gesehen, wie dieselben sich vom Städtebunde ausschlossen, zum Vortheile Norwegens. Trotz dem scheint ihnen anfangs ihre Haltung nicht sonderlich zu Gute gekommen zu sein, weder in Gullberg noch in Kalmar nahm König Erich sich ihrer an, ja, die Unordnung in seinem Reiche und der stete Geldmangel brachten es bald dahin, dass auch sie mehr als früher mit Zoll beschwert wurden. Da wandte sich denn die Bremer Clerisei mit dem Erzbischofe an der Spitze, bittend an Herzog Hakon, auf dass er es doch jetzt, wie früher, bei dem altgewohnten Zolle von acht Schillingen Sterling für die im Reiche verweilenden Heerings-Schiffe, gross und klein, bewenden lasse[2]). — Diese Massenpetition wird ihre Wirkung nicht verfehlt haben, wir finden wenigstens, wie in dem oben erwähnten Jahre, 1292, die Bremer in den besonderen Schutz des Königs genommen wurden und bewilligt erhielten, nur fünf Schillinge Sterling für die Last Heeringe als Zoll zu entrichten, während für die übrigen Kaufleute der herkömmliche Satz verbleiben solle, nach Entscheidung der königlichen Beamten. Diese dürfen die Bremer bei der Abgabenerhebung in keiner Weise belästigen und ihnen nur von so vielen Lasten Zoll abverlangen, als jeder Schiffsführer mit zwei von den Zöllnern bestimmten Personen unter Eidschwur angiebt, geladen zu haben. Bei seinem Zorne gebietet König Erich den Beamten diesem Erlasse nachzukommen[3]).

Solche plötzlich scharf in den Vordergrund tretende Begünstigung der Bremer hat sicherlich noch einen anderen Grund als den der Dankbarkeit für ihr früheres Verhalten, was daraus zu schliessen sein dürfte, dass zwischen den wendischen Städten, Kampen und Stavern und den Norwegern auf's Neue Irrungen ausgebrochen waren.

Am 31. Juli 1289 hatten nämlich König Erich und Herzog Hakon, auf Grund eines Vergleichs mit der Stadt Kampen, die der-

---

[1]) Munch IV, 2. S. 208.
[2]) Hans. U. B. I, No. 1040.
[3]) Hans. U. B. I, No. 1095, 1111.

selben gewährte Handelsfreiheit in Norwegen für die Dauer der Beobachtung des Uebereinkommens durch die von Kampen verkündet, und zwar mit der Bemerkung, dass die von Stavern jenes Friedens nicht theilhaftig sein sollten [1]). Den Seeräubern gegenüber hatten solche Decrete wenig Werth. Sie versammelten sich, wie bereits bemerkt, im Frühjahr 1292 zu Raub und Uebelthaten, wurden aber bei Mastrand vom gemeinen Kaufmanne ergriffen und durch den königlichen Richter zum Tode verurtheilt [2]). Darüber zürnte der König denen von Stavern, Kampen und einigen anderen Orten und fasste, wie es hiess, die Absicht, ihnen Schaden zuzufügen, so bald sich Gelegenheit dazu böte. Um dies zu verhindern, schlossen Stavern und Kampen im Frühling des folgenden Jahres mit den fünf wendischen Städten, die da erwogen, dass solche Unthaten zu gemeinsamem Schaden auslaufen würden, einen Bund zur Abwehr aller Unbilden, kraft dessen sie sich gegenseitig in Rath, That und Kosten gegen den König von Norwegen und seine Helfershelfer beistehen wollten. So kam es denn, dass am 12. Juni 1293, Abgesandte der wendischen Städte, Kampens und Staverns mit König Erich und seinem Bruder verhandelten [3]), wobei sie zu der Entscheidung gediehen, dass am nächsten Pfingsten abermals städtische Boten vor den Herrschern in Bergen erscheinen sollten, versehen mit Vollmachten über die einzelnen Rechts- und Klagepunkte. Wenn auch dann keine Einigung erzielt würde, solle dennoch zwischen beiden Parteien und deren Anhängern bis Johannis ein sicherer Friede dauern. Norwegische Unterthanen, die Bürger Bremens und andere Anhänger Norwegens dürften nach den slavischen Städten, Kampen und Stavern; die Bürger dieser Städte mit ihren Anhängern unterdessen nach Norwegen unbehelligt segeln. Jede der Parteien solle aller festgestellten Rechte und Freiheiten geniessen, die Personen ausgenommen, deren Namen der König den Boten schriftlich überliefere. Letztere versprachen bis zum 11. November die Ratification ihrer Städte, bei Strafe der Einlagerung in Tunsberg. Schon im nächsten Monate hat der König von Dänemark zu Gunsten der Besucher Ripens und zu Gunsten der Bürger von Stralsund geurkundet [4]), während Edward von England

---

[1]) Hans. U. B. I, No. 1098. Diplom. Norw. V, S. 18.
[2]) Hans. U. B. I, No. 1114, 1115.
[3]) Hans. U. B. I, No. 1117, 1118.
[4]) Hans. U. B. I, No. 1120—1122.

den deutschen Kaufleuten und Schiffern sicheres Geleit bei der Hin- und Herfahrt nach seinem Reiche versprach [1]).

Man sieht, wie bedenklich sich schon wieder die Dinge gestaltet hatten, wie der König von Norwegen einzelnen Personen seine ganz besondere Ungnade zuwenden zu müssen glaubte, ohne darum Neigung zu empfinden, sich neben seiner Fehde mit Dänemark noch eine zweite gegen die Seestädte aufzubürden. In dieser Friedenssehnsucht berührte er sich mit den Kaufleuten.

Noch im October desselben Jahres hielten die wendischen Städte eine Versammlung in Rostock ab, wo sie zu Nutz und Frommen des Friedens und des Vortheils der Kaufleute ein Bündniss zu gegenseitigem Beistande auf dem Lande und der See eingingen [2]). In wie weit dasselbe auf die Verwickelungen in Norwegen abzielte, lässt sich nicht feststellen, den nächsten Grund werden die Verhältnisse in Mecklenburg und Pommern gegeben haben.

Die im vorigen Jahre anberaumte Versammlung fand nicht, wie man vereinbart hatte, in Bergen, sondern in dem gelegeneren Tunsberg Statt. Hier war es, wo am 6. Juni 1294 vor König Erich und Herzog Hakon, zu denen sich zwei Boten aus Bremen gesellt hatten, die Bevollmächtigten von Rostock, Wismar, Stralsund, Greifswald (zugleich für Anclam), Kampen, Stavern und Stettin standen, alle überragt durch Johann Runese, den Vertreter Lübecks, Rigas und Wisbys [3]). Man verhandelte bis zum 6. Juli, mithin einen vollen Monat, und sah sich trotzdem genöthigt, das noch nicht zum Austrag gekommene auf den nächsten Johannistag zu verweisen. Schon jetzt versprachen aber die Abgesandten der Städte, dass den Norwegern und Bremern in ihren Klagen gegen die Verbündeten volle Gerechtigkeit werden solle, so oft sie den betreffenden Rath darum angehen würden. Auch zwischen den Städtern und Bremern solle Eintracht und Freundschaft bestehen, wo auch immer sie sich träfen, und sollen sie beiderseits die alten Freiheiten und Immunitäten geniessen. — König Erich, der an dem Kalmarer Vergleiche festhält, stattet dafür die Städte, welche Norwegen des Handels wegen besuchen, aus be-

---

[1]) Hans. U. B., I, Nr. 1128. Sicherlich nicht mit Höhlbaum auf den französisch-flandrischen Handel zu beschränken.

[2]) Hans. Rec., I, S. 30 f.

[3]) Hans. U. B., I, Nr. 1144—1150. vergl. Munch, IV, 2, S. 234 f. Nielsen, Bergen, S. 185 f. Sartorius-Lappenberg, Urkundl. Gesch., I, S. 197.

sonderer Gunst mit reichen Privilegien aus und zwar mit folgenden: wenn sie in norwegische Städte oder Marktflecken kommen, dürfen sie an der Brücke anlegen, ohne vorherige Erlaubniss des Amtmannes, haben jedoch diesen an demselben Tage, oder an dem folgenden zu benachrichten, welche Waaren sie geladen hätten und die Erlaubniss zu erbitten, diese von den Schiffen in Häuser zu bringen, was ihnen nicht verweigert werden darf; doch bleibt ein dreitägiges königliches Vorkaufsrecht. Innerhalb der Orte in den District Takmark gekommen, müssen sie ihre Waaren zum Verkaufe auslegen; die nicht verkauften dürfen sie nach Belieben in das Reich und wieder hinaus führen, jenseits von Bergen aber nur mit besonderer Erlaubniss. Von jedem anlandenden Getreideschiffe ist ein schweres Talent als Zoll zu entrichten, welches der Bevollmächtigte des Königs auswählt. Die städtischen Händler sind nicht gehalten, Schiffe ziehen zu müssen, ausser königliche. Stirbt jemand in Norwegen, so sind die hinterlassenen Güter dem rechten Erben, oder dessen Bevollmächtigten auszuliefern, wenn sie 1½ Jahre nach dem Todesfalle abgefordert werden. Ihre Waffen vorzuzeigen, Diebe zu verfolgen, oder Verurtheilte zum Tode zu geleiten, sind die Kaufleute nicht gehalten. Von der Abgabe, Ledanger genannt, sind diejenigen frei, welche sich vor Weihnachten auf den Weg machen und bleiben es auch, wenn sie durch Sturm gezwungen werden, irgendwo einzulaufen, ohne dass sie dort Handel treiben. Sie dürfen ihre Waaren in den Häusern von Städten und Marktflecken niederlegen, wo es ihnen gut dünkt, jedoch nicht an Orte entfernen, von denen sie ausgeschlossen sind, — d. h. hauptsächlich nicht nördlich von Bergen. Wenn ein Händler in Norwegen die von den Deutschen gekauften Waaren, für die er den Kaufschilling gab, nicht an demselben Tage abholt, so steht es dem Besitzer der Waaren frei, sie an andere zu verkaufen, mit Ausnahme der Güter, die zum königlichen Gebrauche dienen sollen. Ihre Schiffe dürfen sie an Andere vermiethen, um nach den freigegebenen Orten zu fahren, ohne dass sie gezwungen werden dürften, die Schiffe Anderer zu miethen. Wird jemand wegen einer Geldsache, oder eines leichten Vergehens, welches mit Geld gesühnt zu werden pflegt, belangt, so kann er sich des Rechtes bedienen, Bürgen zu stellen, einen Hausgenossen oder eigenen Diener und zwei seiner Landsleute, die ein Schiff an der Brücke haben, welches weniger bereit zum Auslaufen ist als das seinige und als Bürgschaft ausreicht. Zu Nachtwachen darf man die Städter nicht heranziehen; auch dürfen ihre Koffer nicht durchsucht werden, wenn nicht der Verdacht der Fälschung oder des Diebstahls vorliegt. Die Wage soll an einem öffentlichen Orte bewacht ausgestellt sein, mit freiem Zutritt für jeden, der sie benutzen will. Als Gewicht soll dasjenige gebraucht werden, was seit Alters her in den Gesetzen bestimmt ist. Bei Schiffbruch an der Küste darf jeder seine Güter selbst, oder durch Andere sammeln lassen und mit denselben und den Schiffen nach Gutdünken verfahren, bis er ihrer freiwillig oder durch Verjährung entsagt. Vergeht sich ein Schiffer, soll er gesetzlich bestraft werden, aber nicht andere Unschuldige an seiner Statt; es sei denn, dass sie nach den Gesetzen ihrer Heimath, oder der Ortsgewohnheit, wo das Verbrechen begangen ist, zu bestrafen seien, indem sie wissentlich dem Verbrecher auf der Flucht behülflich gewesen, oder ihn gewaltsam vertheidigten. Auch soll das Vergehen einer Privatperson keiner der Städte angerechnet werden, wenn sie nicht die Ableistung von Gerechtigkeit versäumt hat, obwohl sie darum ersucht worden. Seine Anklage in Criminal- oder Civilstreitigkeiten muss der Kläger ausschliesslich durch Zeugen begründen, die an der Ehre vollkommen sind. Wer auf diese Weise einer Sache angeklagt ist, die aber gesetzlich nicht bewiesen werden kann, muss sich nach der Schwere des Vergehens durch Eideshelfer reinigen, die dem Beklagten an Stand und Vermögen ähnlich sind und von denen anzunehmen ist, dass sie die Wahrheit der Sache, um die es sich handelt, näher kennen. Kann er dies nicht, so hat er die Strafe zu gewärtigen, welche durch das Gesetz bestimmt ist. Dies Alles ist verwilligt worden für den Fall, dass die Städte die den Norwegern ertheilten Freiheiten und die gegenseitigen Verträge fest bewahren würden und dass für die den Norwegern angethanen Beleidigungen und Schädigungen von Seiten der Städte thatsächlich Genugthuung geleistet werde, wofern man sie darum ersuchte. — Eine Urkunde solchen Inhaltes hat Erich jeder einzelnen der betheiligten Städte, Bremen nicht ausgenommen, verabfolgen lassen, deren Originale meistens erhalten sind, wie denn auch ein Schreiben auf uns gekommen ist, worin die Städte Lübeck, Riga und Wisby das vom Könige Verwilligte ihrerseits zugestehen[1]), und zwar gemeinsam unter dem Siegel Lübecks, was die Vermuthung nahe legt, dass auch die anderen Städte, mit Ausnahme der holländischen, gleichlautende Briefe ausgestellt haben. — Noch an demselben Tage, wo jene weitfassenden

---

[1]) Vergl. Anhang, I, Nr. 2, S. 112.

Privilegien niedergeschrieben wurden, nahm sich König Erich lübischer Bürger im Besonderen an, denen Rathmannen von Bergen schon seit zwei Jahren 101 Mark norwegisch für gelieferten Wein schuldeten; er befiehlt, das Geld ohne Umschweife zu zahlen. Auch stellte er zwei anderen Bürgern aus jener Stadt, denen ein Vergehen zur Last gelegt war, einen Geleitsbrief aus, um unbehelligt zu ihm kommen, mit ihm verhandeln und von ihm heimkehren zu dürfen [1]).

Es bedarf kaum noch der Worte, um die Wichtigkeit der Tunsberger Verhandlungen darzulegen. Ihr Resultat bildete die Grundlage des zukünftigen Verkehrs zwischen Norwegen und Deutschland einer-, Bremen und den Seestädten andererseits, umsichtig und scharf in einer Reihe von Einzelbestimmungen dargelegt. Zwar forderten und bewilligten die Parteien noch Gegenseitigkeit in Rechten und Pflichten, jedem Unbefangenen musste aber klar liegen, dass die Wirkung derselben sich thatsächlich nur zum Nutzen des städtischen, zum Schaden des norwegischen Händlers äussern konnte, dass sie, consequent verfolgt, den letzteren im Laufe der Zeit geradezu erdrücken musste. Ganz besondere Gründe müssen obgewaltet haben, die den König veranlassten, sich derartig willfährig zu zeigen, und in der That ergiebt ein näheres Eingehen gar bald, dass es auch nur die Rückwirkung der allgemeinen politischen Sachlage gewesen, die den Städten eine so verheissungsvolle Zukunft eröffnete. König Erich hatte nämlich in diesem Jahre eine grössere Rüstung gegen Dänemark veranstaltet als gewöhnlich [2]), war also noch weniger als sonst im Stande, die Kalmarer Schuld abtragen zu können. In Norder Halland war, vielleicht unter Führung Wizlavs von Rügen, ein dänisches Heer verwüstend eingefallen, eine Zusammenkunft der beiden Könige hatte sich erfolglos erwiesen und dadurch abermals neue Rüstungen und neue Kämpfe zur Nothwendigkeit gemacht; dazu kam, dass sich die isländischen Verhältnisse immer noch nicht nach Wunsch, zumal nicht die kirchlichen, gestaltet hatten; vor Allem aber wirkten die Vorgänge in Schottland auf den Norweger ein: seine Tochter war dort gestorben und Edward von England zum Oberkönige erklärt, während er selber Geldforderungen an das Land hatte, Ansprüche auf die schottische Krone zu haben glaubte und seinen Einfluss von Jahr zu Jahr schwinden sah. Eben jetzt, da Schottland sich gegen den

---

[1]) Hans. U. B., I, Nr. 1152, 1151.
[2]) Munch, IV, 2, S. 213 f.

englischen König auflehnte, da Wales gegen ihn die Fahne des Aufstandes entfaltete und Frankreich in Waffen gegen Edward trat, jetzt musste ihm ein Augenblick gekommen scheinen, der, richtig benutzt, grosse Folgen nach sich ziehen konnte, der ihm auf der Seite von Edwards Gegnern, auf der des aufstrebenden Frankreich, seinen Platz anwies.

Demnach kann es nicht Wunder nehmen, dass Erich seine Gunstbezeugungen gegen die Städte, welche seinem Lande Lebensmittel zuführen sollten, mit vollen Händen austheilte, dass er, wie die Sendeboten kaum von dannen gezogen sein mochten, die Bremer, „die sich vor Anderen besonders verdient gemacht hatten, auch vor Anderen besonders würdig ehrte". Als ausgezeichnete Freunde nahm er sie vor allen Kaufleuten Englands und Deutschlands in Schutz[1]) und befahl den Unterthanen, bei Strafe seines Zornes, diese Bremischen Begünstigten stets zu fördern und zu ehren und in jeder Sache, zumal gegen Uebelthäter, mit Rath und That beizustehen; nicht aber etwa selber ihnen an Körper oder Gut Schaden zuzufügen. Als Zeichen seiner Zuneigung gewährte er ihnen beim Heeringsfange die grössten Erleichterungen, indem er ihnen den Zoll auf drei Pfennig Sterling die Last für die Dauer seines Lebens herabsetzte, auch erklärte er, dass die eidliche Aussage des Herrn, des Führers und zweier anderer Schiffsleute, über die Höhe der Verladung gegenüber den Ansprüchen seiner Beamten genügend sei, und schärfte diesen ein, nichts an Geschenken, Trinkgeldern, oder Sonstigem unter dem Scheine von Zoll von den Bremern zu erpressen. Ausdrücklich ertheilte er solche Privilegien, damit jene ihm desto mehr behülflich seien, je reichlicher er sie unterstütze.

Im Allgemeinen scheint der Verkehr zwischen Deutschen und Norwegern nach den Ausgleichungen zu Tunsberg einer friedlichen Richtung entgegen gelenkt zu sein; für die Städte traten andere Länder, namentlich England und Dänemark und andere Fragen, besonders die des Verhältnisses Lübecks zu Wisby, in den Vordergrund. Der König hatte überdies für die Stadt Bergen, der er, wie er sagte, vor allen Handelsstädten seines Reiches zugethan sei, eine Reihe von Gesetzesbestimmungen erlassen, weil mannigfacher Ungehorsam in derselben vorgekommen war. Er wollte eben nicht im Allgemeinen aburtheilen, sondern nur über die Schuldigen, und

---

[1]) Hans. U. B., I, Nr. 1153.

bestimmte deshalb [1]), dass es sowohl Fremden als Eingebornen bei Todesstrafe und Güterconfiscation verboten sein solle, unter sich Verbindungen einzugehen, Tumulte zu erregen, sich Gesetze oder neue Statuten zu geben, indem nur dem Könige mit Beistimmung der Grossen das letztere zustehe. Trinkgesellschaften und Gilden seien den Wegweisern (leiðsagumanna, Abgeordneten?), den Gold- und Eisenschmieden, denen, die nach England führen — zum grossen Theile Deutsche — Dienern u. s. w. untersagt; überhaupt sollen alle Gilden aufhören, ausser der Mariengilde, der Nicolaus- und Jetmundgilde. Nur dem Polizeiherrn und dessen Diener, denen die Sorge für die öffentliche Sicherheit der Stadt obliegt, steht es frei, Waffen zu tragen, bei drei Mark Strafe und Verlust der Waffen im Uebertretungsfalle. Ausnahmelos wird Jedermann verboten, Häuser am Strande oder auf den öffentlichen Plätzen zu erbauen, wenn nicht eine königliche Erlaubniss vorher erwirkt ist, und hat der Betreffende alsdann die Verpflichtungen zu tragen, welche das Stadtrecht auferlegt. Allen denjenigen, welche Häuser am Strande besitzen, ohne beweisen zu können, wie sie dazu gekommen seien, sollen dieselben genommen werden; wer aber Grund und Boden, der des Königs Eigen ist, weggiebt, den heisst er Landesverräther. — Fanden wir unter Magnus Lagabätter, dass den Fremden, unter denen die Deutschen den ersten Rang einnahmen, in einigen Hinsichten bereits Vorrechte vor den Bürgern eingeräumt waren, so sehen wir jetzt Fremde und Bürger durchaus gleich behandelt, wie wir denn nicht minder aus den strengen Verboten gegen das Corporationswesen entnehmen dürfen, in welchem Grade dasselbe von den Fremden importirt, von ihnen und den Eingebornen in Anwendung gebracht wurde. — Es scheint in der That, als ob der obige Erlass eine vorübergehende Ruhe zur Folge gehabt habe, als ob Bürger und Fremde während derselben sich eines gedeihlichen Zusammenlebens befleissigt hätten. Die Nachrichten über Vergewaltigungen und Beeinträchtigungen deutscher Kaufleute durch Beamte oder Bürger werden selten, dafür aber setzte jetzt ein anderes

---

[1]) Norges gamle Love, III, Nr. 6. Thorkelin, Dipl. Arna-Magn., II, S. 145. Torfäus, IV, S. 395. Munch, IV, 2, S. 282 f. Wohl zu beachten ist aber die Variante 54 auf Seite 26 der gamle Love; zeigte sich das 14. Regierungsjahr König Erichs richtig, welches 3 Codices haben, so wäre das Gesetz in das Jahr 1294, also vor den Tunsberger Vergleich, zu setzen, wo es entschieden ebenso gut passt.

Zerwürfniss ein, welches bald zum zweiten male in heftigerer Weise an den Tag treten sollte: es war ein Streit mit der Geistlichkeit.

Bereits im Jahre 1198 hatte Papst Innocenz III. eine Bulle an Martin, den Bischof von Bergen, erlassen, worin er erörterte, wie er aus den Darlegungen des Bischofs ersehen habe, dass auch die Kaufleute — die doch nur kamen und gingen! — dem Diöcesangesetze unterworfen seien, dass diejenigen, welche des Handels wegen auf Island führen, bei Kirchenstrafe gehalten sein sollten, die altüblichen Zehnten zu entrichten. Waren schon damals, wo die Handeltreibenden noch machtlos waren, diese Zehnten verweigert worden, so lag es nur zu nahe, dass jetzt, wo der Kaufmann voll stolzen Selbstbewusstseins, in Lübeck oft in scharfem Gegensatze zur Geistlichkeit, dastand und wo auf dem norwegischen Throne ein Erich Priesterfeind sass, jene alten Gelüste wieder lebhaft hervorbrachen. Demnach vernehmen wir denn auch von Deutschen, welche den Zehnten nicht bezahlt haben und deshalb von den Kanonikern der Bergenschen Christkirche gebannt worden sind. Doch ist es sehr bezeichnend, wie die norwegischen Laien sich in dieser Sache verhielten; fünf von ihnen bürgten für die Gebannten, dass sie sich bis Allerheiligen einfinden und dass sie ihre Zehnten bezahlen würden, falls sie nicht vor richtigen Urtheilfindern beweisen könnten, sie seien frei davon [1]).

Nunmehr tritt auch die einzige von den wichtigeren Seestädten, deren Interesse bald mit demjenigen Bremens, bald mit der wendischen Orte parallel gelaufen war, die sich weder an dem Flottenaufgebote, noch an den darauf folgenden Verhandlungen betheiligt hatte, Hamburg tritt wieder hervor. Am 31. Juli 1296 bewilligte Erich von Norwegen den Angehörigen desselben, die bisher zum Vortheile seines Reiches gekommen wären und seine Unterthanen daheim gefördert hätten, volle Freiheit von der Arbeit des Schiffziehens, dazu Privilegien über das Unterlassen der Begleitung eines Verurtheilten, über das Anlegen an der Brücke, die unbeschränkte Zeit des Handels [2]) auf eigenen und fremden Schiffen, ein zweitägiges königliches Vorkaufsrecht [3]), die Tacsetklage, Schiffbruch u. s. w. ähnlich den Ver-

---

[1]) Anhang, II, S. 118, Nr. 6.

[2]) Hans. U. B., I, Nr. 1215, quandocunque voluerint, wieder so ausgedrückt, als sei der Winter eingeschlossen, was jedoch thatsächlich nicht der Fall gewesen sein dürfte. Vergl. weiter unten den Paragraph, das Ueberwintern betreffend, wo nichts vom Handeltreiben bemerkt ist.

[3]) Zu Tunsberg hatte sich der König noch ein dreitägiges Vorkaufsrecht ausbedungen.

günstigungen, welche den anderen deutschen Städten bereits zugestanden waren; dann aber heisst es ferner: Kauft einer von des Königs Leuten etwas von den Hamburgern zu eigenem Nutzen, so muss es mit Bewilligung des Verkäufers und ohne Zwang geschehen, wie er denn auch den Kaufpreis auf Forderung innerhalb von acht Tagen entrichten muss, widrigenfalls ihn das Gesetz zur Genugthuung zwingen wird. Für die Last Heeringe sind nur drei Pfennig Sterling zu entrichten und steht den Heeringsfängern der Holzhieb nach Bedürfniss frei. Die Schiffe dürfen im Reiche bei Zahlung eines Talentes Mehl überwintern und sind befreit von allem Strandrechte. Für alle Waaren, die ein Schiff bringt, hat es ein Talent des dem Reiche so dringend benöthigten Mehls zu entrichten, wofür es mit Holz und anderen Sachen beladen werden darf. Die Beamten sollen die Hamburger wie eigene Reichsangehörige fördern. — Man sieht, indem sich der König die neuen Freunde etwas kosten liess, hatten es die Hamburger bei grösserer Behutsamkeit nicht nur ebenso weit wie die Bremer in Norwegen gebracht, sondern sogar weiter. Doch scheint das gute Vernehmen der beiden Städte zu einander dadurch nicht beeinträchtigt zu sein, wie die Wiederholung einer bereits im Jahre 1259 zwischen ihnen getroffenen Uebereinkunft, flüchtige Schuldner betreffend, zeigt[1]), während sich gleichzeitig Hamburgs Verhältniss zu den wendischen Städten als ein äusserst kühles ausnimmt.

Andererseits sorgten die vielfachen Verwickelungen, in die sich Erich begeben hatte, ausreichend dafür, seine Finanzen fortwährend in schlechtem Stande zu erhalten, woraus sich ergab, dass die volle Auszahlung des den Städten schuldigen Restes der 6000 Mark immer mehr verzögert wurde. Endlich am 17. April des Jahres 1298 theilte er den Lübeckern mit, sie möchten Bevollmächtigte nach Tunsberg senden, um dort ihre Forderung in Empfang zu nehmen[2]). Aehnliche Schreiben werden an die übrigen wendischen Städte ergangen sein, wenigstens finden wir an dem bestimmten Orte nicht nur Sendeboten Lübecks, sondern auch die von Rostock und Stralsund[3]). — Auch diesmal sollte die leidige Sache noch nicht zum Austrage kommen, indem sich ergab, dass noch ein rückständiger Rest des Kalmarischen Geldes von 200 Mark verbleibe. Darauf hin versprach

---

[1]) Hans. U. B. I, No. 1232.
[2]) Hans. U. B. I, No. 1274.
[3]) Hans. U. B. I, No. 1290.

denn der Schatzmeister des Königs, er werde Waaren im Betrage der Schuld auf Gefahr seines Herrn nach einer von den drei Städten senden; für den Fall einer Haverei aber den Städten das Geld am nächsten Pfingsten auszahlen. Fehle bei der Prüfung etwas an dem Kalmarischen Silber, welches er jetzt den Sendeboten eingehändigt habe, gelobe er es zu ersetzen. — Deutlich erhellt aus diesen Zugeständnissen die Hartnäckigkeit auf Seiten der Kaufherren und die financielle Noth des norwegischen Königs, der, bei einem immer merklicher drohenden Kriege mit England, ängstlich bemüht war, die Städte in Freundschaft zu halten, um sie nicht zu dem Gegner hinüber zu drängen. Nichts desto weniger zeigte er sich beim schliesslichen Austrage der Sache kleinlich, oder seine Beamten waren unzuverlässig genug, die Gesinnung ihres Herrn in ein übles Licht zu stellen. Als nämlich Amund Bratte, ein Bürger von Tunsberg, mit den zum Ausgleiche bestimmten Waaren an Ort und Stelle eintraf, ergab sich, dass an dem vom Schatzmeister verabfolgten Kalmarischen Silber neun Mark gefehlt hatten, und dass die von Bratte überbrachten Waaren nahe an 60 Mark weniger werth seien, als sie veranschlagt waren[1]). Die Städte aber, wohl froh, vorerst etwas in Händen zu haben, wollten dieselben nicht gerne wieder fahren lassen und bewirkten deshalb, dass Bratte sie in der Weise unter ihrer Obhut liess, dass sie im Namen des norwegischen Königs für 209 Mark eingelöst werden konnten. Wenn sie dieser jedoch für die 140 Mark, welche sie werth seien, weggeben wolle, so verspricht Bratte, selbst oder durch jemand anders den Städten die fehlenden 60 Mark bis nächsten Ostern flüssig zu machen. —

Damit entziehen sich diese unsauberen Weitläufigkeiten, welche sich lange dreizehn Jahre hingeschleppt hatten, unserem Blicke. Formell waren die Städte im Rechte, ob es practisch war, dieses Recht bis auf die Neige auszubeuten, muss fraglich erscheinen, weil ihre Zähigkeit in Norwegen böses Blut machte. Noch aus demselben Jahre geht uns Kunde von ungebührlichen Zollbeschwerungen der Heeringsfänger durch die norwegischen Beamten zu, welche erstere sich sogar bis auf 50 und 60 Schilling Sterling für das Schiff beliefen. Auf einer Lübecker Tagfahrt wurde beschlossen, dass die slavischen Städte, im Namen aller, Briefe an den König, den Herzog und ihre Rathgeber senden sollten, um sie von solchen Unrechtmässigkeiten abzu-

---

[1]) Hans. U. B. I, No. 1294.

bringen und die Kaufleute in ihren Freiheiten zu erhalten[1]). Wie zumal Lübeck am Ende des dreizehnten Jahrhunderts für norwegische Dinge von Bedeutung war, mag in schwachem Grade aus den Briefen erhellen, welche das westfälische Lippstadt und das holländische Deventer nach der Trave sandten, worin die Einen um Auslieferung des Nachlasses eines in Bergen verstorbenen Lippischen Kaufmannes baten, die Anderen, gewissen in Norwegen befindlichen Bürgern von Deventer Unterstützung in ihren dortigen Angelegenheiten angedeihen zu lassen. Auch ein Brief Heiligenhafens an Lübeck ist hieher zu ziehen[2]).

Im Juni des Jahres 1299 starb König Erich, 30 Jahre alt, Krone und Reich seinem Bruder Hakon hinterlassend, der als Gemahl der Euphemia, einer Tochter Günthers von Ruppin, zu mehreren der städtefreundlichen Wendenfürsten in Verwandtschaft getreten war[3]). Man mochte annehmen, dass er, wie schon früher, so auch in Zukunft deren Gesinnung theilen werde, und anscheinend entsprach dem die Erneuerung des Freibriefes für die Bremer, welchen er im ersten Jahre seiner Regierung erfolgen liess[4]); in der That begann jedoch mit seiner Thronbesteigung eine neue Politik gegen die Fremden. Die seines Bruders war unstät gewesen, bald feindlich, bald nachgebend, jetzt leitete er eine solche ein, welche im Principe darauf abzielte, mit den Städten in Freundschaft zu leben, ihren Handel und Uebermuth aber möglichst zu Gunsten der Eingebornen niederzudrücken. Seine Thätigkeit in dieser Richtung eröffnete er mit einem Erlasse, der den Handel der Kaufleute auf die Kaufstädte beschränkte und ihren Kram auf dem Lande strengstens untersagte[5]). Kurze Zeit darauf gebot er, die in einer Stadt ausgelegten Güter an Ort und Stelle zu verkaufen, nicht aber hinweg zu führen; während er zugleich streng gegen diejenigen vorging, welche sich des Zolles und sonstiger Leistungen entzogen. Bald darauf folgte ein weiteres Decret, welches noch ungünstiger für die Fremden lautete, die Frei-

---

[1]) Hans. U. B. I. No. 1299.
[2]) Hans. U. B. I, No. 874. Lüb. U. B. I, No. 744, 749. Dipl. Norw. VI, No. 65, 66.
[3]) Munch IV, 2. S. 318. Anm. 3.
[4]) Hans. U. B. I, No. 1316. Ueber den Freibrief den Hakon den Deutschen in's Gesammt ertheilt haben soll vergl. Hans. U. B. I, No. 1316. Anm. 3.
[5]) Munch IV, 2. S. 368 ff. Nielsen, Bergen S. 190 ff.

heit ihrer Bewegung sehr beeinträchtigte und der Stadt Bergen das ausschliessliche Recht des Handels nach den östlichen und nördlichen Theilen des Reiches zuerkannte. König Hakon hielt sich innerhalb der hergebrachten Rechtssphäre, doch konnte es bei der ganzen Richtung seiner Thätigkeit nicht ausbleiben, dass die Städte laute Klagen über seine Beamten erhoben [1]). Durch freundliches Entgegenkommen suchte er sie wieder zu beschwichtigen, doch bleibt es wohl zu beachten, dass er andere Zwecke, zu Gunsten seines rügenschen Anverwandten, eng damit zu verbinden wusste. Wenige Jahre später, 1305, war das Verhältniss zu Lübeck noch derartig, dass dieses die Stadt Osnabrück zur Beschickung eines Städtetags einladen konnte, auf dem unter Anderem auch über die Beschwerden gegen die Norweger verhandelt werden sollte [2]); und als Hakon in demselben Jahre mit Kampen ein Uebereinkommen schloss, welches dem von Tunsberg fast wörtlich gleich lautete, musste doch die Clausel aufgenommen werden, dass die Bewohner Kampens und deren Freunde nach Norwegen fahren sollten, auch wenn die slavischen Städte dies etwa einstellten. Dennoch erhielten die Lübecker schon im Jahre 1306 die Bestätigung ihrer Verträge, Begünstigungen, welche bis zur Befreiung von Pfund- und Heeringszoll gingen; auch Stralsund bekam bald seine alten Rechte bestätigt [3]).

Unter diesen Umständen scheint der alte Uebermuth der Städte wieder üppig empor gewuchert zu sein; sie scheinen darauf abgezielt zu haben, die alleinigen Herren auf dem Markte zu werden, den Handel Norwegens in den deutschen Ortschaften zu erdrücken und den englischen Kaufmann ganz aus Norwegen zu verdrängen. Für letzteres kam ihnen ein äusserst gespanntes Verhalten zwischen Normannen und Engländern zu Statten [4]), welches sie gewiss nicht wenig zu ihren Gunsten auszunutzen verstanden. König Edward sah sich veranlasst, über die Bevorzugung der Oesterlinge vor seinen Unterthanen ausdrücklich Beschwerde zu erheben.

Einen Begriff von dem den Deutschen innewohnenden Trotz und Eigenwillen, giebt ihr Verhalten gegen die norwegische Geistlichkeit. Während des Winters 1306 auf 1307 hatten sich die

---

[1]) Lüb. U. B. II, No. 155. Dipl. Norw. V, No. 42.
[2]) Hans. Rec. I, No. 82.
[3]) Lüb. U. B. II, No. 203, 204. Dipl. Norw. V, No. 45, 47, 48. Fabricius IV, No. 377.
[4]) Munch IV, 2. S. 566 ff. 575 ff. Nielsen S. 192.

Bergenschen Handwerker, welche, wie bereits früher bemerkt, zum guten Theile aus Deutschen bestanden, der üblichen Zahlung des Kirchenzehnten entzogen. Angeknüpfte Unterhandlungen erwiesen sich fruchtlos, bis der Bischof den Bann über die Widerstrebenden verhängte. Zwei Jahre später wiederholte sich dasselbe Spiel, nur, dass jetzt nicht allein die Handwerker, sondern auch die Wintersitzer, deren Landsleute wir schon einmal der Zehntenzahlung abgeneigt gefunden haben, die Abgabe verweigerten. Abermals schritt der Bischof mit seiner geistlichen Waffe ein. Da traten die Wintersitzer zusammen und fassten den Beschluss, weder etwas vom Bischofe und der übrigen Geistlichkeit zu kaufen, noch ihnen etwas zu verkaufen. Und dieses Uebereinkommen hielten sie in der Ausdehnung aufrecht, dass auch ankommende deutsche Kaufleute nicht mit der Geistlichkeit in Verbindung zu treten wagten. Der König mischte sich in die Sache und von weltlicher Seite wurde das Urtheil gesprochen, dass Handwerker nicht minder als Wintersitzer den Zehnten zahlen sollten[1]). Als Rückwirkung dieser Vorgänge scheinen auch wieder Vergewaltigungen vorgekommen zu sein, in denen die Normannen ihrem Unwillen gegen die übergreifenden Fremden Luft machten; es scheint nahe daran gewesen zu sein, dass die Handelsverbindung zwischen den Norwegern und Deutschen wieder einmal abgebrochen wurde, was den ersteren ganz besonders lästig fallen musste, weil auch zwischen ihnen und Erich von Dänemark ein neues Zerwürfniss eintrat. Da sandte König Hakon seinen Bevollmächtigten Thore Thorleifson nach Stralsund, wo derselbe im Mai des Jahres 1312 eine Uebereinkunft mit den fünf wendischen Städten auf Grund der früheren Gerechtsame abschloss[2]). — Kaum war sie zu Stande gekommen, und die Städte müssen schon wieder so anmasslich aufgetreten sein, wie je zuvor; ein Benehmen, das um so weniger angebracht erschien, als daheim ihre frühere Machtstellung durch den dänischen Erich Menved gebrochen war.

Kein Wunder mithin, dass in Norwegen auf's Neue ein Unwetter gegen sie losbrach. — Den dortigen Eingeborenen war nur für entbehrliche Sachen die Einfuhr aus Deutschland gestattet, die Deutschen brachten auch nur solche, zogen aber mit unentbehrlichen

---

[1]) Keyser, Det norske Kirkes Historie II, S. 136 ff. Munch II, 2. S. 578 ff. Nielsen S. 191.
[2]) Hanse Rec. I, No. 103, 104. Munch II, 2. S. 580.

Dingen, wie mit Fischen, Butter und anderen Fettwaaren von dannen; indem dies dem Lande zum Nachtheil gereichte, verbot der König im Jahre 1315 deren Ausfuhr gänzlich, wenn dagegen nicht Malz, Mehl und andere schwere Waaren geliefert würden. Im folgenden Jahre setzte er einen specialisirten Zolltarif für Ausfuhrwaaren fest und stellte zugleich die Deutschen mit allen übrigen Fremden auf eine Linie. Strenge wurde eingeschärft, dass sich kein Wintersitzer länger in Bergen, Oslo oder Tunsberg aufhalten dürfe, als es das Stadtgesetz verstatte, bei Strafe der Waarenconfiscation und Beschlagnahme des gemietheten Hauses. — Wir sehen, die Verordnungen folgten Schlag auf Schlag; die letzte und einschneidenste unter ihnen gestattete den Wintersitzern — deren man nun doch einmal nicht mehr entrathen konnte — Aufenthalt und Thätigkeit ausserhalb der gesetzlichen Zeit nur unter der Bedingung, dass 10 Männer ausschliesslich den Handel mit ihnen übernähmen, welche die Preise der Güter zu bestimmen hätten, den Bedarf des Königs zuerst, dann den der hohen Geistlichkeit und zuletzt den der Bürger besorgten, damit sie alle die Waaren zum Einkaufspreise erhalten könnten. Kein Fass deutschen Biers darf höher als mit einer Mark bezahlt werden, bei einer Strafe von fünf Mark und Verlust des Getränkes. Alle fremden Kaufleute sind verbunden, ihre Güter binnen 14 Tagen, von der Zeit an, in welcher sie dieselben eingeführt und ausgeschifft haben, und zwar im Grossen zu verkaufen. Niemand unter den Fremden darf länger als 6 Wochen mit Ausladung und Verkauf der gebrachten und Einschiffung der gekauften Güter zubringen, was binnen dieser Zeit nicht umgesetzt worden, muss unverkauft und uneingekauft bleiben, vom Kreuzfeste im Herbste, bis zum Kreuzfeste im Frühling; auch ist es keinem Hausbesitzer erlaubt, einem Fremden sein Haus länger als auf sechs Wochen zu vermiethen[1]).

Diese Bestimmungen, streng gehandhabt, hiess den Deutschen den besten Theil ihrer mühsam errungenen Vortheile kurzab entreissen, den bisherigen Gang ihres Handels vernichten. Und was haben sie gethan, um dies zu hintertreiben? Im Grunde nichts, wenn nicht ein Gesandter Witzlavs von Rügen deswegen an den König abgeordnet, nicht aber bei ihm eingetroffen ist. Die Städte, welche wir drei Jahrzehnte früher energisch zu den Waffen greifen sahen,

---

[1]) Sartorius-Lappenberg, Urkundl. Gesch. I, S. 201 ff. Munch IV, 2. S. 588 ff. Nielsen S. 194 ff.

verliessen sich jetzt auf die alles bezwingende Zeit und ihre Unentbehrlichkeit. Und in der That, sie hatten wieder richtig gerechnet, denn noch waren keine zwei Jahre verflossen, als König Hakon abermals alle Fremden, die nicht aus einem ihm feindlichen Lande kämen, willkommen hiess, im Winter sowohl, als im Sommer.

König Hakon starb und der dreijährige Sohn seiner Tochter Ingeborg und des schwedischen Herzogs Erich erlangte neben der schwedischen Krone auch die von Norwegen. Dadurch wurde in beiden Reichen eine vormundschaftliche Regierung nothwendig, unter der jenes unruhige Aufstreben, welches die Herrschaft König Erichs ausgezeichnet und während derjenigen Hakons nachgezittert hatte, zu ermatten anfing. In demselben Jahre, da Sverrirs Mannesstamm ausstarb, verschied auch der dänische König Erich Menved, vor dessen dreister Unternehmungslust der Bund der wendischen Städte zusammengebrochen war. „Im zweiten Jahrzehnt des 14. Jahrhunderts war von den grossen Bewegungen gemeinsamer städtischer Politik im weiten Bereich deutscher Cultur fast jede Spur verschwunden." Eine Periode der Abspannung setzte ein, im deutschen sowohl als skandinavischen Norden. Die gegenseitige Wechselwirkung konnte nicht ausbleiben, aber ebenso wenig, dass sie schnell vorüberschwand und der urwüchsigen, neuerstarkten Kraft des Bürgerthums abermals die Schranken öffnete.

Die ganze Zeitrichtung drängte dahin, gleichartige Elemente an einander zu schweissen. Aus seiner Zerfahrenheit arbeitete sich um die Mitte des 14. Jahrhunderts der Bund der Seestädte wieder hervor, jetzt unter dem Namen der „deutschen Hanse" sich daheim und im Auslande Ansehen verschaffend. Um dieselbe Zeit, gestützt von der Neubildung am baltischen Meere, erstand unter dem Drucke unausgesetzter, leidenschaftlicher Feindseligkeiten der Norweger, jener feste Zusammenschluss der deutschen Kaufleute in Bergen zum sogenannten Kontor, der nunmehr ein festes Bollwerk und den sicheren Boden bilden sollte, auf dem ein eigenartiges, streng umgrenztes Wirken sich entwickelte, welches nach und nach das ganze commercielle Leben Norwegens in seine Kreise zog.

Anhang.

I.

Zwei von den Herausgebern hansischer Urkundenwerke übersehene Diplome.

I.

Herzog Hakon von Norwegen urkundet über einige compromissarische Entscheidungen, die König Magnus von Schweden in der Streitsache zwischen den Norwegern und den wendischen Städten abgegeben hat.
[November, 1285?].

Þesse rettergierd gierdi Magnus konungr i Suia rychi i Calmarun mellom konungsenns y Norgie och þyskara manna om þat, som herra Alffuer haffde misgiort wider þat, anno domini MCC fem och ottathigi. Hokann medt gudtz miskun Norgie hertogh sonn Magnus konungs hinn koronade sender avullum þheim som þhetta breff sia edder höira q. G. och sinna. Ver giórom avullum monnum kunnogt, att Magnus Suia konungr giærdi samsatt emellom Norgie manna och þeirræ som stadenna byggia y Vindlandt i Kalmarann, þha er lidner vera fra burdar þiidt vars herra Ihs: xps: MCCLXXXV vettra a allara heilagra mesza apftann a XII aar riikis hanns met þheim hette att met sambthycht vmbotzmanna huartueggia Nordmanna och þydskara skipade han sua.

Att eff Nordtmanna sigla þiill þysdskara lande, edder þheir þydskoro aff þheim vy stadum i Vinlande sigla þiill Norgie att huartueggia matte alskonar warnningh annars lanndtz selia och koupa som sialffue indtfödder huarthueggia stad æige att einns aff husfostum monnum adt boærmannum och aff wedderkuemder monnum och bondum, och þat huar koupar i huara stadt, þat skall huergii wera loffuit adt flyttia nema almenneligt forbodt legst a att fóira sina lutti sua indbyggium som widderkomandum monnum.

Eucki skall och forbodit a wæra huarcke aff þyskum aff fyrsagdum stadum i Norgie ne Nordmannum þeirræ stadum, och þheir mægi eigi kaupa koupum sinum aarla och sirla effter siduanda sua som inndfödder huadt som falt er, nema att nordtmendt mógo eigii koupa á wognnum y þydskolande ne þydske aff skipum i Noriie.

Ethligar fyri þat att off faaum ordum kueykest offto mykit deiila end aff deilum syndertycky, aff syndertyckum kann att werda aff rande þiill þhesz att vtti megi lyckia þha lutte er fridmonnum granda, þha er þat sambtyckt och skriiffuat adt huarcky þydskara ne Nordtmendt skullu þalla adrar þiill annara spott æder hatt. Endt þa eff þat werder giórtt, þha skall þat saa retta, som þhet vara giortt widder einn huan bóarmanna indtlendtskann, och skal þat vera rórt, huart som þhat vordar giort innan þhessz monader, eff þat vorder lougliga kiert.

Er framledis þiill meiri vittnatto och fridar, þha skele all þha priuilegier haldast fry fult er Eriicker konungr y Norige och hans forældre heffuer gæffuit þydskom monnom þat þillago, adt þæir mæge mæla halivss och flyttia huartt sem ....¹) þeir wera stemder fyr forhyrdinn eder vtti annan stadt.

Worder och saa att rangindi kan att giöra Norrenn þydskom eder þysker norinnom, þha skall þhat retta effthar lougum adt godum siduande amillom i ælle stade.

Biust och nocker fyri aff odrum huerium att æffla folck op á annann met margmenni þiill hæffangss æder ranss, þha skulu hans lantzmendt handtrycki weita hannom hialp ne raadt.

---

¹) Lücke; wohl am besten auszufüllen durch den Brief des Königs Magnus vom 31. October 1285. Lüb. U. B. I, No. 484, S. 443 fin. und 444.

Endt huer sem att þhi werdar kiender att witti þuilickom wandtskisz monnum liider koup eder hialp, þha skall hanin widerleigia XX þushundrat marcka skera att Kolneskra wagh wskaddum þhe fridmonnom.

E codice Magnæano in Fol. No. 330, folio 97—98; in der Arne-Magn. Sammlung; aufbewahrt in der königl. dän. Universitäts-Bibliothek zu Kopenhagen.

Der Codex No. 330 ist mit besonderer Beziehung auf die Stadt Bergen gesammelt, wahrscheinlich zwischen 1570 und 1600, geschrieben von verschiedenen Händen; die hier gegebenen Stücke (I u. II) von der frühesten. Derselbe Codex ist bei der Ausgabe der alten norwegischen Gesetze (Keyser og Munch, Norges gamle Love) vielfach benutzt, dort aber angenommen, er sei im Anfange des 17. Jahrhunderts geschrieben (vergl. B. III, S. 23, 55, 59, 68, 121, 129, 135, 155), während Munch, der in seiner norske Folks Historie IV, 2. S. 116, Anm. 1 der obigen Urkunde und eines Codex, Gesetzesbestimmungen für die Stadt Bergen enthaltend, Erwähnung thut, letzteren um 1550 zusammengetragen sein lässt. Es kann demnach zweifelhaft sein, ob Munch hier unseren Codex No. 330 meint, zumal da das einzige von ihm in der Ursprache angeführte Wort (Sættargerð) sich nicht darin findet; doch ist es auch möglich, dass er die Lesart so corrigirt hat, vergl. oben S. 114. — Ob die Original-Urkunde norwegisch oder lateinisch abgefasst gewesen, lässt sich schwer entscheiden; die Geschäftssprache in internationalen Angelegenheiten war lateinisch, doch kommen Ausnahmen vor, wenn auch nur selten. Nimmt man an: Hakon habe die Urkunde wesentlich für seine Unterthanen geschrieben, so ist die Annahme nicht direct zu verwerfen, dass sie zu diesen Ausnahmen gehört hat. Vergl. den Brief Erichs und Hakons für Kampen, Diplom. Norw. V, No 18. Ein Codex Arne-Magn. in Fol. No. 331 enthält eine fehlerhafte dänische, Torfäus in seiner Historia Norwegica B. II, 4. S. 394 bringt eine nicht bessere lateinische Uebersetzung unseres Diploms.

II.

Die Städte Lübeck, Riga und die Deutschen in Visby urkunden über einen Vergleich, eingegangen zwischen König Erich, Herzog Hakon von Norwegen und Bremen

einerseits, ihnen, Rostock, Stralsund, Greifswald, Anklam, Kampen und Stavern andererseits.
[1294, nach Juli 6?].

Aullum monnum theim som þetta breff sia edder höira sendar folgutar raadtzmendt och allmenniger stadanna Lycku¹), Riiga och þysko y Wysby queda met vorum herra. Wer gerom avllum monnum konnuogt, att settargiærdt þhessa er her fölger gierdom ver om Huita Suniu þta er lidnner varo²), millom miikillsattar höffdingia Ericks konungr Norregi och Hakonnar Norgi herttuger þhra vndermanna och stadarmanna aff Bræmenn i einn stadt enndt i annan stadt fyri wara neunda statda och þha andra stada er vridt³) hauidt liggia, sua szem er: Rostock, Straalsundt, Gripswoldt, Tancklem, Campenn, Stauerenn, var þhesza set gor met herra Jonn Loden nasa raadtzmanna sendebudde och vmbutzmendt och stadarnis aff Lubeku och allera annra þheir ere vdi voro kommner⁴) aff halfuo for ne stadana sambthykiande och met inndsigllum styrckyennde hanna aa þhenne hatt, att forneundum höffdingum konunge och hertugha aff Norgie þherra vnder monnom och stadar monnom aff Bremenn skall rett gierast aff avllum sackum och kiærslum, er þheir haffua op aa varæ stadæ alla, nockra edder einn huann aff þheim eilligar op aa þha byggia edder nokonn aff þheim einn hueriu sinni raadtzmendt aff theim stadt er kiert verder aa verder kraffdar rettindar. Saa skall och millom voro stada och stadarmanna aff Bremenn vera vrug⁵) sett och stadig vittnatta. Skulu huarthueggia niothande vara þhas frialssis er nokonn þhima haffda þheir sina millom fyrmeir.

Offuann aa settergiærdi þha er giort var i Calmarnn millom ryckesinns i Norgie och voro stada villiom vær sterckaliga holda latha och stadtfestum hanna vbrygdaliga met þhiszo varo breffue.

Ennd Nordmenndt þha er vittia vara stada fyri koupsteuna sakær villiom ver latha haffua thatta frialszi Thi först att þheir mógo koupskat sinn leiggia i huszum stadenna, huar er som their lickar, sua þha att þheir selia eicki i einge stadt neima þhar som skipat er.

Skip sinn er þheim loffuat att bygia huariom er þheir

mego och skall att vaar eigi att nöida þha att leiga skip annara manna.

Ennd eff Nordmendt verder stemder tiill rettara sackar nokor se ar pinno⁶) och er the sack eicki affmyckill, tha maa varda fyri hann husbonnde hans och thueir norenner skibss eigannde þheir er eigi ero brottbunar, att hanndt komme eigi i jarnn, och þha att hanndt se i setter, þha skall hanndt ortekast, eff hanndt fer thuilicku wordtslu, som nu er sagt.

Enndt eff Nordmendt briotta skip sinn innan thackmarcka stadanna, tha mægo þheir hialpa sagugum⁷) sinum met ser och þheim er þheir mægo met sig thillfaa och skipum sinum efftar villia sielffua sinna alt thar thill, ær their ganga brott fra och haffua fyrithapat thet, som þha er eigi borgat.

Eigi skullu þheir skuldeigar være thill Vara... tz⁸). Enskis þheira kista skall være ranndtzagit, neima hanndt se misgrundar merkelig om faltz eder stuldt.

Misbrytter nockor koupmader, tha skall handt sialffuar pinast louglige, och eingi annara manna, effter thi som loug vattar eder siduandæ er thesz stader, er misbrott er i, neima thi att eins att nokor theim vndan skiota eder veri thann modt met fordtzle⁹).

Ennd eff nokor koupmader koupar i þyskolande aff Nordtmendtum och geffuit aa gudtz penning och theker eigi i brot sæmdögum, tha skall hinn, er varningenn atte, effter eins dags dualu frialsleiga selia theim, er handt vill.

Skall och eingra sunderligra manna affbrott kent verda fyrsagdum kunnungenum och herttugannom, vthan thi att eins att their glöima rett att gera .admundt¹⁰) er their verda thar thiill bednnir.

Och att alt that mægo statfestalego haldast aff vare halffu, var sett fyri thetta breff stadar indtsigllit aff Lybicku.

E codice Magnæano in Fol. No. 330, folio 101 b sqq.

Varianten des Walkendorfischen Codex
(aus dem handschriftlichen Diplomatarium des königl. dän. Geheimen-Archivs zu Kopenhagen).

Dieser enthält dänische Uebersetzungen, stimmt also nicht wörtlich mit der obigen norwegischen Uebersetzung.

¹) Lycku; Walk. Lybech. — ²) Walk. fügt hinzu: fraa wor herris fódtzelstid MCCXCIIII. — ³) vridt; Walk. wed. — ⁴) þheir er vdi voro

kommner; Walk. som vd wore komne. — ⁵) vrug; Walk. tryg. — ⁶) se ar pinno; Walk. for nogen peninges bröde. — ⁷) sagugum; Walk. godtz. — ⁸) vara ... tz, an vara schliessen sich, wie es scheint, drei unleserliche Buchstaben, auf welche ein tz folgt; Walk. wegt. — ⁹) theim vndan .... fordtzle; Walk. forskiuder eller verjer hannom mett foss, som bröditt haffuer. — ¹⁰) . admundt, vor ad steht ein unleserlicher Buchstabe, der ein E, G oder S zu sein scheint; Walk. the mend.

Die oben gegebene Urkunde ist nur eine norwegische Uebersetzung des lateinischen Originals und augenscheinlich keine besonders genaue, wie z. B. schon die Veränderung des Namens Johannes Runese in Jonn Loden nasa zeigt; vielleicht müssen wir hiehin auch das Fehlen der Städte Wismar und Stettin rechnen, die doch in der königlichen Parallelurkunde (Hans. U. B., I, No. 1144) genannt sind; Vergl. Torfäus IV, S. 389 bei dem wir neben den beiden genannten auch noch Anklam vermissen. Auch dieses Diplom hat bereits Munch gekannt und zwar aus demselben Codex No. 330 fol., den er hier wie in den gamle Love um 1600 entstanden sein lässt; er hat die ersten Sätze der Urkunde in einer Anmerkung seiner Geschichte des norwegischen Volks (II. 2. S. 237. Anm. 2) zum Abdrucke gebracht, der uns zeigen mag, wie willkürlich er den Text corrigirte. Es heisst dort: Öllum nönnum þeim sem þ br. s. e. h. senda fólgútar, raðsmenn ok almenningr staðanna Lybiku, Rigu ok þýzku í Visbý kveðju með várum herra. Den Namen Jón Lodennasa (vgl. Torfäus IV, S. 389, Jonas Ladenasius) hält er richtig für einen Abschreiber- oder Uebersetzungsfehler; für seine Erklärung Tanklem (richtiger Tancklem) d. e. t'Anklam, zu Anklam, dürfte kaum ein Grund vorhanden sein; auch in der Urkunde König Erichs steht Tancglem. Wenn Munch ferner meint, dass sich der lateinische Grundtext mittelst des Kampenschen Reverses wieder herstellen lasse, so dürfte er, von Suhm XI, S. 890—895 irre geleitet, Urkunden des Jahres 1286 zum Jahre 1296 gezogen haben; vergl. Diplom. Norw. V, No. 47—49. Charters en Bescheiden van Kampen I, No. 17—18. — Wohl die beste Reconstruction der ursprünglichen Form unserer Urkunde lässt sich durch Hans. U. B. I, No. 1144 bewerkstelligen. Mangelhafte lateinische Uebertragung bei Torfäus B. 2, Theil 4, S. 389.

II.

Nachträge für das hansische Urkunden-Buch (Band I).

Die Gefahr, welche bei einem Urkundenbuche, das eine so ausserordentliche Weite des Raumes umfasst, wie das hansische, nur zu nahe liegt, dürfte, trotz des grossen darin zu Tage tretenden Sammelfleisses, doch ein wenig ihre Wirkung geäussert haben, wenn auch nur in verschwindend geringem Umfange: man sucht das Verzeichniss einiger Actenstücke vergeblich darin, dessen Aufnahme vielleicht erwartet worden. So mussten für diese Schrift noch benutzt werden:

1. Otto und Konrad, Markgrafen von Brandenburg einer-, der Herzog Bogislav von Pommern und der Fürst Wizlav von Rügen anderseits schliessen einen Friedensvertrag, um alle zwischen ihnen schwebende Zwietracht gründlich zum Austrage zu bringen, worin von dieser Seite eingeschlossen sein sollen: die Herzöge von Braunschweig, Sachsen, Lüneburg und Schleswig, die Herren von Slavien und Mecklenburg, der Graf und der Bischof von Schwerin, der Jungherr von Rostock zugleich mit den Städten Lübeck, Rostock, Wismar, Stralsund, Stettin, Greifswald, Demmin, Anclam, Penkuhn, Greifenhagen, Garz, Greifenberg, Colberg, Cammin und alle anderen Städte, die an dem Kriege Theil genommen haben; von der Seite der Markgrafen aber sollen eingeschlossen sein: der König von Dänemark, wofern er Gerechtigkeit übt, der Herzog Primislav (Przemyslav) von Kalisch, der Graf von Lindow und ihre sämmt-

lichen Helfer. Alle Städte, namentlich Stettin, sollen bei dem vollen Rechte verbleiben, welches sie früher genossen und sie durch offene Briefe darthun können. Herzog Bogislav, seine Vasallen, Stettin und seine übrigen Städte, denen ein Recht zusteht, mögen bis zum nächsten Michaelis in zwei Jahren, bis zu welchem Termine Herzog Bogislav den Markgrafen 4000 Mark reinen Silbers zahlen soll, die Fischerei im Haff ausüben, mögen jagen und Holz hauen. Streitigkeiten sollen gerecht und freundschaftlich beigelegt werden. — 1284, August 13. Vierraden.

Geh. Archiv zu Berlin; Original.

Gedruckt: daraus Riedel, Cod. dipl. Brand, II. Bd., I, S. 176. Balt. Studien, II, S. 128. Fabricius, Rüg. Urk., II (III), Nr. 259. Lisch, Behr Urkb., I, S. 165. Mecklenb. Urk. B., III, Nr. 1749.

2. Herzog Hakon von Norwegen verkündet den durch König Magnus von Schweden zwischen den Norwegern und den wendischen Städten zu Kalmar erfolgten Vergleich, dem zufolge die Norweger nach und in den Städten und die Städte nach und in Norwegen frei handeln dürfen, sich beide Parteien nicht wechselseitig beleidigen sollen, im Uebertretungsfalle gegen den Betreffenden vorzugehen ist, als habe er einen Angehörigen seines Orts beleidigt, dem zufolge ferner die Privilegien, welche König Erich von Norwegen und seine Vorgänger den Deutschen ertheilt haben, in Kraft bleiben, gegenseitige Uebelthaten gesühnt werden sollen und keine Partei etwaigen Uebelthätern beistehen darf, bei Strafe von 20,000 Mark Kölnisch. — 1285, November?

Universitäts-Bibliothek zu Kopenhagen. Abschrift im Codex Magnæano, Fol. Nr. 330.

Gedruckt: daraus oben S. 109; lateinische Uebersetzung, Torfäus, Historia Norwegica, B. II, Th. 4, S. 394.

3. Alf Erlingson an den Seneschall des Königs von Schottland: wundert sich, dass derselbe norwegische Schiffe in Schottland zurückhalte, während doch der König von England den Deutschen, seinen Feinden, nicht erlaubt habe, seine Fahrzeuge in England zu pfänden. Da der Friede

zwischen ihm und diesen hergestellt sei, habe jede Partei das Ihrige behalten. — Nach dem 31. October 1285.

Gedruckt: Torfäus, Historia Norwegica, B. II, Th. 4, S. 377.

4. Die Städte Lübeck, Riga und die Deutschen auf Visby beurkunden, dass Pfingsten des Jahres 1294 durch Jonn Loden nasa (Johannes Runese) dem Sendeboten Lübecks und den Gesandten der anderen Seestädte ein Vergleich zwischen König Erich, Herzog Hakon von Norwegen und den Bremern einer-, ihnen, Rostock, Stralsund, Greifswald, Anklam, Kampen und Stavern andererseits eingegangen sei, kraft dessen den Norwegern und Bremern in Klagen gegen die verbündeten Städte von dem Rathe der letzteren Recht werden, zwischen Bremen und denselben Friede und Freundschaft bestehen und die Kalmarer Abmachung gewahrt werden soll. Den Norwegern, welche die deutschen Städte des Handels wegen besuchen, wird gewährt, dass sie ihre Waaren in den Häusern der Städte frei niederlegen, dass sie ihre Schiffe vermiethen dürfen, ohne dem Zwange ausgesetzt zu sein, andere zu miethen, dass die Normannen wegen eines Verbrechens, welches nicht an Hals und Hand geht, sich durch die Bürgschaft ihres Hauswirthes und zweier Landsleute, die ein Schiff im Hafen haben, der Gefangensetzung entziehen dürfen, dass Jeder bei einem Schiffbruche innerhalb der städtischen Bannmeile Schiff und Waaren bergen mag, sie nicht zu Nachtwachen herangezogen, ihre Koffer nur bei Verdacht von Fälschung oder Diebstahl untersucht werden dürfen, nur derjenige, welcher sich eines Vergehens schuldig machte, gesetzlich zu bestrafen ist, kein Anderer aber an seiner Statt, wofern er ihm nicht Beistand geleistet hat, und dass der norwegische Kaufmann die Waaren, auf welche er von dem Deutschen den Kaufschilling (Gottspfennig) erhalten, weiter verkaufen darf, wenn dieser sie nicht an demselben Tage abholt. Damit dies Alles gehalten werde, setzt Lübeck sein Insiegel darunter. — 1294, nach Juli 6?

Universitäts-Bibliothek zu Kopenhagen, Alt-nordische Uebersetzung im Codex Magnæano, Fol. Nr. 330.

Gedruckt: daraus oben S. 112. Lateinische Uebersetzung, Torfäus, Hist. Norw., B. II, Th. IV., S. 389, daraus Willebrandt, Hans. Chron., III, S. 10.

5. Deventer an Lübeck: meldet, dass neulich einige Deventer Bürger bei ihrem Aufenthalte in Bergen und Norwegen, gewisser Geschäfte halber, um Rath und Hülfe Lübecks nachgesucht hätten, die ihnen auch zugesagt worden; bittet, ihnen dieselbe, wenn es nicht bereits geschehen, angedeihen zu lassen und darüber an Deventer zu berichten, damit es über seine Verpflichtungen unterrichtet sei. Zugleich übersendet Deventer einen Brief an Lübeck mit dem Ersuchen, ihn nach Stralsund zu befördern. — Letztes Viertel des 13. Jahrhunderts.

Stadtarchiv zu Lübeck; Original auf Papier.

Gedruckt: daraus Lüb. Urk. B., I, Nr. 744. Dipl. Norweg., VI, Nr. 65.

Den besten Anhalt für die Datirung dürfte der Satz gewähren: Praeterea vobis nostras litteras ... transmittimus, supplicantes, ut ... consulibus civitatis Zundensis nomine nostro et ex concordatione civitatum, ut scitis facta presentare. Darnach und nach den in der Urkunde angedeuteten Verhältnissen möchte sie etwa in die Jahre 1285, 86 oder 1293, 94 gehören (Vergl. oben S. 88 und Hans. Rec., I, Nr. 44, 45; oben S. 91 Hans. U. B., I, 1113, 1114, 1115), wenn auch in diesen beiden Zeiträumen sich der Name Deventers nicht gerade besonders geltend macht.

6. Peter Gudleiksson, Erich Lagmand, Rydgeir in Sveinsgaarden, Heinse Greive und Heinse Skraedder bürgen, dass die Deutschen, welche von den Kanonikern der Bergenschen Christkirche gebannt seien, sich in Bergen bis Allerheiligen einfinden würden und ihren verweigerten Zehnten zu bezahlen, wenn sie nicht eine solche gesetzliche Befreiung davon beibringen könnten, welche richtige Urtheiler als gültig befänden. — 1296, Mai 10.

Aus dem Apograph Arn. Magnaei von Arnes Hand.

Gedruckt: daraus Thorkelin Dipl. Arna-Magn., II, S. 173; Dipl. Norw., III, Nr. 37.

7. Heiligenhafen an Lübeck, ersucht den Lübecker Bürger Tidemann Lange von einer Reise nach Norwegen, zu der

er aufgeboten, zu dispensiren und einen Anderen auf dessen Kosten für die Reise zu stellen, da er seinem kranken Stiefvater Johann Witt (Joannes dictus Albus), eines Bürgers von Heiligenhafen, mit dem er im Stammgute sitze, zur Ordnung seiner Angelegenheiten unentbehrlich sei.

Stadtarchiv zu Lübeck; Original.
Gedruckt: daraus Lüb. U. B., I, Nr. 749; Dipl. Norweg., VI, Nr. 66.

Die vorliegende Abhandlung dürfte gezeigt haben, von wie einschneidender Wichtigkeit für den deutsch-norwegischen Verkehr einzelne norwegische Gesetzeserlasse geworden sind; so ist z. B. der im September 1282 erfolgte geradezu als Beginn jener ernsten Verwickelungen zu bezeichnen, die erst auf den Tagen zu Gullberg und Kalmar beigelegt wurden. In Anbetracht dessen möchte es erwünscht sein, auf diese speciell norwegischen Institutionen auch in dem hansischen Urkunden-Buche ein scharfes Augenmerk zu richten[1]), um so mehr, als sie gerade mit dem beginnenden 14. Jahrhunderte, also auch mit dem beginnenden zweiten Bande des Urkunden-Buches, sehr bedeutsam in den Vordergrund treten. Es ist dies nur das, was schon Höhlbaum selber treffend mit den Worten aussprach: Die Massregeln, die daheim und draussen für die Erleichterung (setzen wir hinzu „und Erschwerung") des Land- und Seeverkehrs getroffen wurden, waren gleichfalls der Erwähnung (im Urkunden-Buche) werth, da erst bei ihrer Berücksichtigung eine vollständige Anschauung des Weltverkehrs gewonnen werden kann, so weit ihn die Städte Norddeutschlands bestimmten (Einleitung S. X). Auch die von Höhlbaum mit Recht geforderte „volle urkundliche Form" ist in den Gesetzeserlassen vorhanden. Die für uns wichtigsten unter ihnen sind:

a. Das Bergensche Stadtrecht vom Jahre 1276, welches den fremden Kaufleuten (d. h. bereits vornehmlich deutschen) zugesteht, Häuser in einer norwegischen Stadt zu erwerben, oder solche auf 12 Monate zu miethen, wofür sie zu

---

[1]) Ein blos gelegentlicher und mehr zufälliger Vermerk eines einzelnen Erlasses dürfte nicht ausreichend sein.

allen Kriegsschatzungen herangezogen werden und in dem Verhältnisse von ein zu zwei mit den Eingebornen an den Wachen auf der nächsten Warte Theil nehmen müssen.

Norges gamle Love, II, S. 185 ff., vergl. oben S. 27.

b. König Erich Magnussons Erlass vom 16. Sept. 1282. — Fremden Ueberwinternden (wieder vornehmlich Deutsche!), welche weder Mehl, Malz noch Getreide nach Norwegen eingeführt haben, wird untersagt, vom 8. Sept. bis 3. Mai weder Butter, Häute und Fische, noch auch Vieh auf dem Lande aufzukaufen.

Norges gamle Love, III, Nr. 2; vergl. oben S. 38.

c. König Erich Magnusson über das Verhalten in Bergen, am 9. März 1295. — Er verbietet Trinkgesellschaften, Gilden, das Tragen von Waffen, das eigenwillige Aufbauen von Häusern am Strande und auf öffentlichen Plätzen, sich eigenwillig Gesetze und Statuten zu geben u. s. w.

Norges gamle Love, III, Nr. 6. Thorkelin, Dipl. Arna-Magn., II, S. 145; vergl. oben S. 96, 77.

d. König Hakon Magnussons Erlass gegen den Kleinhandel auf dem Lande; am 16. October 1299. — Er gestattet, dass Bauern, die einander etwas zu verkaufen haben, dies thun dürfen, die Kaufleute ihre Waaren aber ausschliesslich nach der Kaufstadt zu bringen und dort umzusetzen haben. Wer von den letzteren sich dennoch unterfinge, auf dem Lande zu hausiren, was neuerdings wiederholt geschehen sei, der würde sowohl seiner Waaren, als des dafür empfangenen Geldes verlustig gehen.

Norges gamle Love, Nr. 12, vergl. oben S. 101 [1]).

---

[1]) Ob Erlasse, wie der des Königs Erich Glipping vom:
20. März 1282, worin er verbietet, dass niemand wagen solle, Schiffbrüchige an der Bergung ihres Gutes zu verhindern, welcher in erster Linie den deutschen Seestädten zu Gute kommen musste, und der vom
März (?) 1283 gegen Luxus der Kleidung, deutsches Bier, Schenken und Mord
gleichfalls einer Erwähnung, vielleicht in einer Anmerkung des hans. Urk.-Buchs werth gewesen wären, mag immerhin zweifelhaft sein. Vergl. Reg. Dipl. Hist. Dan., I, Nr. 1300, 1312.

III.

Umdatirte Urkunden.

Meine Untersuchungen über Urkunden, die für die vorliegende Schrift nothwendig, aber nur mangelhaft oder gar nicht datirt waren, führten mich wiederholt auf Resultate, welche von denen abwichen, die in dem hansischen Urkundenbuche Band I niedergelegt sind. Der leichteren Uebersicht wegen gebe ich sie in folgender Zusammenstellung:

1. Hans. U. B. I, Nr. 356. Winter, 1247—1248 = A.
2. „ „ „ „ 366. Sommer, 1248 = B.
3. „ „ „ „ 389. October, 1250 = C.
4. „ „ „ „ 390. um October, 1250 = D.
                       sind verwendet in der Reihenfolge: B, A, D, C (vergl. Seite 22, Anm. 1).
5. „ „ „ „ 851. Juni 30, 1280, verlegt: Juni 27, 1283 (vergl. S. 44).
6. „ „ „ „ 852. Juni 30, 1280, verlegt: Juli 4, 1283 (vergl. S. 44).
7. „ „ „ „ 935. c. vor Februar, 1284, verlegt: Anfang, 1283 (vergl. S. 39, Anm. 1).
8. „ „ „ „ 938. 1284 (zwischen einer Urkunde vom Februar und einer vom April), verlegt: c. Anfang Juni, 1284 (vergl. S. 55).
9. „ „ „ „ 957. c. Ende, 1284, verlegt: Frühjahr, 1285 (vergl. S. 73).

10. Hans. U. B. I, Nr. 970. März 13, 1285, verlegt:
　　März 13, 1284 (vergl. S. 49, Anm. 3).
11. „　„　„　„　„　974. Frühjahr, 1285, verlegt:
　　Winter, 1284/85 (vergl. S. 61, Anm. 3).
12. „　„　„　„　„　977. Frühjahr, 1285, verlegt:
　　c. Sommer, 1284 (vergl. S. 56 und S. 65, Anm. 4).
13. „　„　„　„　„　978. Frühjahr, 1285, verlegt:
　　c. Sommer, 1284 (vergl. S. 56).
14. „　„　„　„　„　989. um August, 1285, verlegt:
　　c. August, 1284 (vergl. S. 56, Anm. 4).
15. „　„　„　„　„　991. Anfang September, 1285, verlegt:
　　Mai, 1285 (vergl. S. 76).
16. „　„　„　„　„　1008. August 29, 1286, verlegt:
　　Johanni, 1281 (vergl. S. 36, Anm. 1).

Berichtigungen.

S. 3 Z. 4 v. o. statt: den Volksrechten, lies: die Volksrechte.
„ 17 „ 18 v. o. 　„　das sie betrieben, lies: das er betrieb.
„ 21 „ 8 v. o. 　„　seiner **Kraft**, lies: ihrer **Kraft**.
„ 23 „ 3 v. u. 　„　B. A. C. D., lies: B. A. D. C.
„ 48 „ 5 v. u. 　„　besaglagt, lies: beslaglagt.
„ 49 „ 7, 8 v. o. „　zumals, lies: zumal.
„ 53 „ 7 v. o. 　„　Freihern, lies: Freiherrn.
„ 55 „ 13 v. u. 　„　Heinreich, lies: Heinrich.
„ 55 „ 11 v. u. 　„　Westfahlen, lies: Westfalen.
„ 74 „ 10 v. u. 　„　Sendeboden, lies: Sendeboten.